2018年　荣获第九届亚洲私人银行与家族办公室峰会 **“最佳综合服务家族办公室”奖**

荣获2018中国金融创新论坛暨中国金融创新奖 **“十佳家族信托创新奖”**

2019年　荣获2018首届“中国财富奖” **“最佳家族办公室客户服务”奖**

2020年　荣获 2019中国金融创新论坛暨中国金融创新奖 **“十佳财富管理创新奖”**

2021年　《今日财富》杂志 **“2020中国式家族办公室Top30**票选榜单” 荣登TOP30**前三甲**

荣获《财富管理》杂志颁发 **“金臻奖｜2020年度最佳财富管理机构 – 家族传承服务奖”**

2022年　荣获第六届亚太财富论坛暨2021年度国际私人及家族财富管理 **“2021年度薪火奖|中国家族办公室TOP50暨最佳家族跨境综合服务奖”**

2023年　荣获第七届亚太财富论坛暨2022年度国际私人及家族财富管理 **“2022年度薪火奖|中国家族办公室TOP50”**

荣获第八届亚太财富论坛暨2023年度国际私人及家族财富管理 **“薪火奖｜2023年度中国家族办公室TOP50”**

2024年　荣获2024《财经》香港财富管理论坛 **“2023年度中国家族办公室TOP50” “最具创新力家族办公室”**

新财道建立了由家族财富规划师、家族保险规划师、家族理财规划师、家族信托规划师、家族财务规划师、家族法务规划师、家族税务规划师组成的“七师齐全”的家族财富规划专业服务体系；设立了北京、杭州、深圳三个区域家族办公室；成立了新财道家族研究院，专注于家族财富管理研究、家族教育课程开发、家族财富管理项目培训，打造了国内首个家族财富规划师水平课程（FWP课程），出版了《目标管理下的系统规划——家族财富管理之道》（荣获中国金融出版社2017年“年度双十佳原创图书”）《财富管理视角下的家族信托规划》《财富传承的治理之道——六大要务规划指引》财富管理系列丛书。

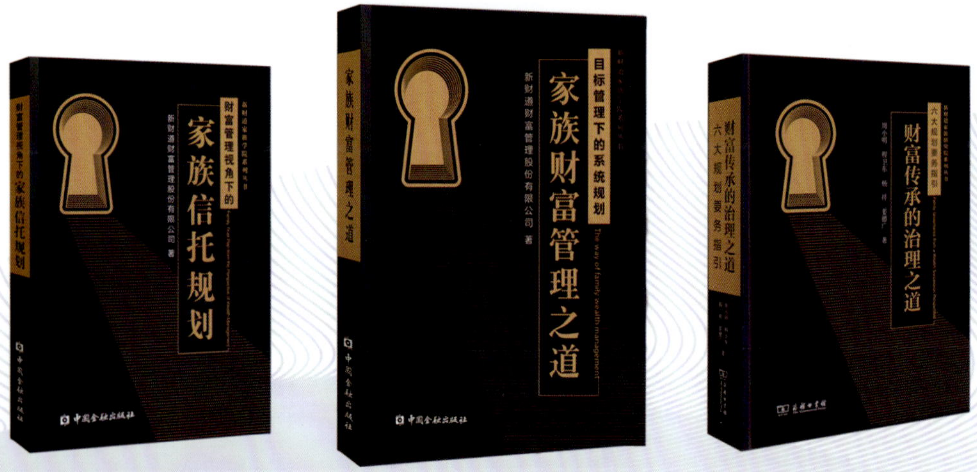

2024年中国信托公司经营蓝皮书

清华大学法学院金融与法律研究中心　编著

战略合作伙伴：新财道管理咨询股份有限公司

中国经济出版社
CHINA ECONOMIC PUBLISHING HOUSE
北　京

图书在版编目（CIP）数据

2024年中国信托公司经营蓝皮书/清华大学法学院金融与法律研究中心编著. -- 北京：中国经济出版社，2024. 10. -- ISBN 978-7-5136-7931-2

Ⅰ. F832. 39

中国国家版本馆CIP数据核字第2024TQ0945号

责任编辑　严　莉
责任印制　马小宾
封面设计　任燕飞装帧设计室

出版发行　中国经济出版社
印 刷 者　北京科信印刷有限公司
经 销 者　各地新华书店
开　　本　787mm×1092mm　1/16
印　　张　9. 5
字　　数　165千字
版　　次　2024年10月第1版
印　　次　2024年10月第1次
定　　价　198. 00元
广告经营许可证　京西工商广字第8179号

中国经济出版社 **网址** http://epc. sinopec. com/epc/ **社址** 北京市东城区安定门外大街58号 **邮编** 100011
本版图书如存在印装质量问题，请与本社销售中心联系调换（联系电话：010-57512564）

前　言

截至2024年4月30日，受各类风险事件以及监管要求的影响，68家信托公司中有59家信托公司按照规定时间披露了年度报告，其中绝大部分实现盈利。2023年信托新分类管理办法正式颁布实施，传统的非标类资金信托业务逐渐淡出历史舞台，信托业务结构加速调整，全行业转型的步伐不断加快，信托业管理的信托资产规模企稳回弹，全行业信托资产管理规模仍保持在24万亿元左右，在国际地缘政治错综复杂、宏观经济下行周期依然严峻和国内外极其复杂多变的外部环境下保持了平稳发展。

2023年，国际地区冲突持续加剧，国际经济环境更趋严峻，国内宏观经济增速放缓，部分头部房地产行业遭遇危机，行业监管环境更趋规范，国家金融监督管理总局正式改派成立，“新三分类”监管办法加快推进，房地产信托规模总量受到控制，非标融资类信托业务持续压降，信托公司面临空前的挑战和竞争压力。信托业作为仅次于银行业的第二大金融行业，受宏观经济等诸多因素影响，2023年全年，信托全行业营业收入总规模和全行业利润增幅都呈现回落趋缓的态势，个别指标较上一年出现负增长，甚至出现少数机构经营亏损的情况。信托业必须在新分类监管框架下加速转型创新，大力发展资产服务信托、资产管理信托和公益慈善信托等信托本源业务。2023年以来监管部门不断搭建出与时俱进的监管框架，为未来信托业实现健康持续发展铺平了道路。

面对2023年以来泛资管市场和监管部门密集出台的系列监管新政，以及变化多端的国内外环境，信托公司经受住全面的考验，信托业整体大盘仍然基本稳定，增长幅度进入稳定期，核心指标实现平稳增长。就2023年信托公司的整体经营而言，综合业绩仍然是一张合格的答卷。

本报告是清华大学法学院金融与法律研究中心相关团队精心打造的系列报告，迄今已经连续出版了20部。2024年的报告，在总结前19部经验的基础上，进一步改进和提升了实证分析模型和研究分析的方法与手段。强调横向分析与纵向比较相结合，通过财务状况实证分析、经营成果实证分析、盈利能力与收益水平分析、经营效率与经营质量以及风险分析等多个方面几十个具体指标进行了系统、全面、深入、规范、客观、真实的归纳、汇总、概括、提炼、分类、排序和分析。报告突出运用实证分析的方法，客观公正地反映了当前我国信托公司较为完整的概貌，力求为各信托公司和广大投资者以及监管部门提供一部系统全面、客观真实的研究报告。

本报告对进一步加深社会各界和投资者对信托业的了解，全面提升信托公司整体形象，促进各信托公司之间相互了解、加强交流、相互借鉴、取长补短，都是一部不可多得的重要学术研究报告和业务参考书。

本报告所引用数据严格依据各信托公司年报所公开披露的资料，或在披露数据基础上加以计算。本报告对各公司所披露年报中数据资料的真实性、口径方法的适用性及内容指标的完整性原则上不做主观评判。报告采集数据原则以国家金融监督管理总局规定的信息披露截止日2023年4月30日为最后期限。

本报告力求全面、真实、准确反映行业全貌，但由于本报告时效性极强，编纂时间紧张，所涉及数据十分庞杂繁复，在数据采集过程中难免有疏漏之处，故所有原始数据最终均以各信托公司公布的年报及年报摘要原文为准。

在本报告的编纂过程中，得到了国家金融监督管理总局有关部门、中国信托业协会、国投泰康信托有限公司、昆仑信托有限责任公司以及中国经济出版社毛增余总编、严莉编辑的大力支持，在此一并表示衷心的感谢。

编者

2024年10月

目　录

第一章　2023 年信托公司经营状况纵览

截至2024年5月底,59家信托公司公布的2023年度报告揭示了信托业在过去一年中所面临的挑战与变化。与2022年相比,2023年信托业面临的宏观经济环境、行业监管体系、市场竞争态势以及业务转型节奏等都发生了明显变化。

首先,全球宏观经济形势依然复杂和严峻。2023年,不同经济体间的经济表现存在显著差异。其中,美国经济和就业展现出较强的韧性,高利率可能维持较长时间,进而对其他经济体的货币政策形成掣肘。欧元区经济略显疲软,已于2024年6月降息,但相关措施比较谨慎。在全球高利率环境影响下,多数国家公共债务大幅上升,加之人口老龄化、气候变化以及国防开支增加等,各国财政均面临较大压力。此外,地缘政治风险和逆全球化思维导致大宗商品价格波动,给货币政策和金融体系带来了不稳定因素。

其次,国内经济、产业结构正处于不断调整中。一方面,新动能和新产业正逐渐成为推动经济增长的重要力量,新经济的质量和效益持续提高,为信托公司的业绩提供了新的增长点和发展机遇;另一方面,房地产市场供需两端面临双重困境,流动性和信用风险事件频发,地方政府新发行债务规模受限、城投债利率持续下行,使信托公司的传统业务面临巨大的转型压力。

从制度环境来看,2023年3月以来,监管部门陆续出台了《关于规范信托公司信托业务分类的通知》(以下简称"三分类新规")等多项政策文件,旨在明确信托业务的边界,规范信托公司的经营行为,促进信托业的稳健发展。三分类新规有助于信托公司明确自身的业务定位和发展方向,推动信托业务朝更加专业化和特色化的方向发展。《关于规范信托公司异地部门有关事项的通知》和《信托公司监管评级与分级分类监管暂行办法》等文件,要求信托公司加强内部管理,积极探索具有自身特色的差异化发展道路。2023年10月召开的中央金融工作会议上,首次系统性地提出了科技金融、绿色金融、普惠金融、养老金融、数字金融"五篇大文章",为信托业在服务实体经济中找准自身定位提供了重要指导。

从行业主体视角来看,行业风险不断显现和暴露,部分信托公司依旧面临较大的兑付压力,市场化、法治化成为信托行业处置风险的主流趋势。具体来看,继2023年5月新华信托宣告破产后,2023年9月中融信托因部分信托产品无法按期兑付被托管,2024年4月民生信托被托管。这意味着正常经营的信托公司又减少两家。2024年4月,四川信托经国家金融监督管理总局同意依法进入破产程序。

从行业经营视角来看,行业进入转型攻坚期,转型压力日益加大,表现为传统业务难以支撑营业收入增长,新的商业模式仍在探索中;资产服务信托报酬率低,快速增长的资产规模与其对业绩的贡献相差甚大。从已发布年报的59家信托公司的财务数据来看,主要有以下几方面特征:

一是随着行业深化业务转型,信托公司资本实力持续夯实,整体抵御和防范风险能力持续提高。2023年,信托行业注册资本均值、平均自营资产和平均净资产分别为50.99亿元、136.38亿元和117.22亿元,分别同比增长5.17%、1.50%和4.20%。

二是行业整体经营业绩逐步企稳,各信托公司内部业绩继续分化。中国信托业协会数据显示,2023年,信托业经营收入为863.61亿元,同比增长2.96%;净利润剔除特殊情况(如信托公司股权转让),较上年小幅增长约2.29%。从竞争格局来看,营业收入方面,有31家信托公司营业收入实现同比增长,28家同比下降;利润总额方面,有30家信托公司利润总额实现同比增长,29家同比下降;净利润方面,有27家信托公司净利润实现同比增长,32家同比下降。头部公司盈利能力更强,排名前10的信托公司平均营业收入、利润总额和净利润分别同比增长6.42%、11.92%和11.66%,分别比行业平均增速高8.45个、14.74个和14.87个基点。

三是信托公司传统业务持续向三分类新规下新业务转型。在转型过程中,服务信托带动信托资产规模持续回升,但是由于盈利模式仍在探索中,信托报酬率持续下行,信托业务收入占总营业收入的比重不断下降。2023年,行业平均信托资产规模达3861.37亿元,较2022年末增长16.25%;而平均信托业务收入为8.82亿元,较2022年下降10.77%;信托业务收入占总营业收入的比重为65.41%,较2022年下降1.39个百分点。

四是固有业务收入对营业总收入的支撑作用增强。2023年59家信托公司固有业务平均收入为4.66亿元,占营业收入的比重达到34.59%,较2022年提升1.39个百分点。投资收益和公允价值变动损益对固有业务收入的贡献度达81.50%。

一、2023 年资本实力行业纵览

2017—2023 年信托行业注册资本变动趋势如图 1－1 所示。2023 年底，信托行业注册资本总额为 3008.44 亿元（发布年报的 59 家信托公司的注册资本），同比增长 0.08%。59 家信托公司注册资本均值为 50.99 亿元，同比增长 5.17%。通过数据对比发现，与 2022 年相比，2023 年信托公司注册资本和信托公司平均注册资本均有所上升。这主要是因为信托公司在转型过程中，人员培训、投资者教育、科技投入方面需要较大投入。同时，信托公司过去开展的业务涉足高风险领域，随着这些领域的风险逐渐显现，需要足够的资本来应对这些压力。

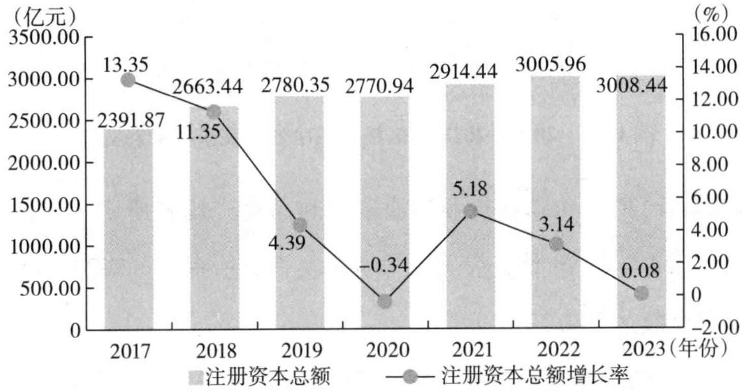

图 1－1　2017—2023 年信托行业注册资本变动趋势

2017—2023 年信托行业自营资产规模总额变动趋势如图 1－2 所示。2023 年末，信托行业自营资产规模总额为 8046.36 亿元，同比下降 0.19%。信托公司平均自营资产规模为 136.38 亿元，同比增长 1.50%。

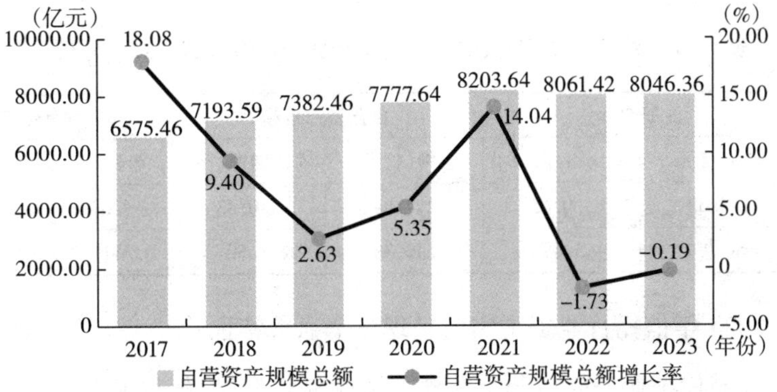

图 1－2　2017—2023 年信托行业自营资产规模总额变动趋势

2017—2023年信托行业净资产规模变动趋势如图1－3所示。2023年信托行业净资产规模总额为6916.17亿元,同比增长2.47%。信托公司平均净资产规模为117.21亿元,同比增长4.20%。

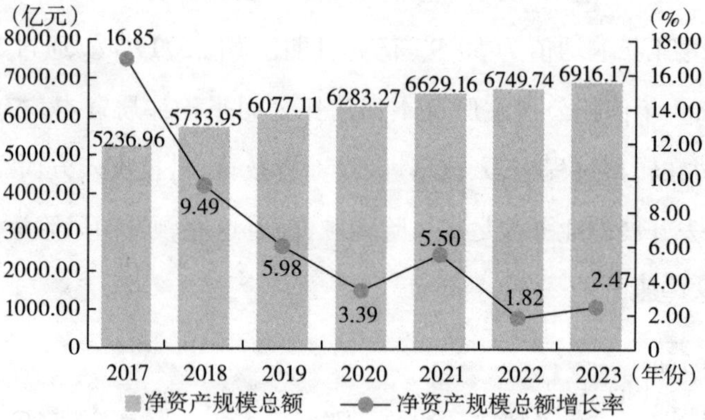

图1－3 2017—2023年信托行业净资产规模变动趋势

从行业内部来看,2023年信托行业注册资本和净资产均有所增加,自营资产维持下降态势但降幅较2022年收窄,信托公司总体资本实力有所提升。2023年有11家信托公司实现增资,增资金额达190.79亿元。

从头部信托公司的表现来看,由于中融信托被接管、部分信托公司自营资产同比下降,前10大信托公司注册资本、自营资产以及净资产增速均不及行业均值,并且注册资本和自营资产规模增速均出现微降。如表1－1所示,2023年注册资本排名前10的信托公司均值为114.30亿元,同比微降0.65%;自营资产规模排名前10的信托公司均值为297.89亿元,同比下降0.43%;净资产规模排名前10的信托公司均值为263.91亿元,同比增长3.45%。

表1－1 2023年前10大信托公司与行业均值资本实力对比分析

项目	注册资本		自营资产规模		净资产规模	
	金额(亿元)	同比增速(%)	金额(亿元)	同比增速(%)	金额(亿元)	同比增速(%)
前10均值	114.30	－0.65	297.89	－0.43	263.91	3.45
行业均值	50.99	5.17	136.38	1.50	117.22	4.20

综上所述,2023年信托行业资本实力呈现三个显著特征:

第一,随着公司传统业务向三分类新规下新业务转型,信托行业资本实力持续夯实,行业整体抵御和防范风险的能力有所提高。2023年,信托公司的平均注册资本、平均自营资产规模和平均净资产规模维持增长态势。

第二,为了落实三分类新规和“新评级分类”监管要求,信托公司主动提升抗风险能力,为业务转型提供充分的保障。2023 年,行业平均注册资本增速快于自营资产规模和净资产规模的平均增速。

第三,个体差异较为明显。行业仍处于风险出清阶段,部分信托公司由于历史包袱重、风险高,或自营资产出现下降,或被接管,对行业整体形成拖累。而中游梯队部分信托公司风险项目比重小,资本实力明显提升。

目前,如何适应外部环境的变化,以及保持自身的资本实力与竞争力,仍是信托公司转型发展需要关注的重点方面。

二、信托资产规模继续攀升,头部效应日益凸显

2017—2023 年信托行业平均信托资产规模变动趋势如图 1-4 所示。2023 年行业信托资产规模保持增长态势,平均信托资产规模为 3861.37 亿元,同比增长 14.14%,增速明显提升。值得一提的是,2009—2014 年,平均信托资产规模以年均 30% 的速度迅速增长。但从 2015 年开始,平均信托资产规模进入波动区间,在 2015 年大幅下跌后,2016 年和 2017 年恢复增长,2018—2020 年再次下行,2021—2023 年迎来反弹,尤其是 2023 年同比增速超过 14%,为《关于规范金融机构资产管理业务的指导意见》(以下简称“资管新规”)发布以来最高。

图 1-4　2017—2023 年信托行业平均信托资产规模变动趋势

表 1-2 为 2023 年信托行业信托资产增速分布。在公布数据的 59 家信托公司中,有 38 家信托资产规模同比上升,合计占比 64.41%;有 21 家同比下降,合计占比 35.59%。

2023年,在信托资产规模增长的信托公司中,有18家增长幅度达到30%以上,有10家增长幅度在10%~30%,10家信托公司增幅在10%以内。在信托资产规模下降的信托公司中,有2家下降幅度超过30%,下降幅度在10%~30%的有8家,还有11家下降幅度在10%以内。

通过数据可以发现,2023年信托资产规模增幅超过30%的信托公司数量显著增加,进而拉动了行业均值的提升。

表1-2　2023年信托行业信托资产增速分布

增速分布	2023年		2022年	
	公司数量(家)	占比(%)	公司数量(家)	占比(%)
增长30%以上	18	30.51	11	18.64
增长10%~30%	10	16.95	11	18.64
增长10%以内	10	16.95	4	6.78
下降10%以内	11	18.64	14	23.73
下降10%~30%	8	13.56	15	25.42
下降30%以上	2	3.39	4	6.78
合计	59	100.00	59	100.00

三、信托资产结构继续优化,主动管理能力持续提升

表1-3为2023年新增信托资产规模分析。从表中可以看出,2023年新增信托资产规模与2022年相比有所增加。从结构上看,在三分类新规指引下,随着"非标业务"向标准化资产管理业务的转型,2023年新增集合类信托占比和规模均有所增加,而新增单一类信托和财产权信托占比和规模均出现下降,与2022年相比表现出截然相反的特征。

表1-3　2023年新增信托资产规模分析

项目	2023年		2022年	
	规模(万亿元)	占比(%)	规模(万亿元)	占比(%)
集合类	6.87	66.38	5.00	56.05
单一类	1.06	10.24	1.17	13.11
财产权类	2.42	23.38	2.75	30.84
合计	10.35	100.00	8.92	100.00

注:厦门国际信托未公布集合、单一、财产权信托相关数据。

具体数据显示,2023年,新增集合类信托规模由2022年的5.00万亿元增加至6.87万亿元,占比从2022年的56.05%增长至66.38%;新增单一类信托规模由2022年的

1.17 万亿元下降至 1.06 万亿元，占比从 2022 年的 13.11% 下降至 10.24%；新增财产权类信托规模由 2022 年的 2.75 万亿元下降至 2.42 万亿元，占比从 2022 年的 30.84% 下降至 23.38%。

表 1－4 为 2023 年主动管理类信托资产规模与占比情况。2023 年，主动管理类信托资产规模为 141565.66 亿元，占信托资产总规模的 62.10%，同比提升 2.93 个百分点。其中，有 11 家信托公司主动管理类信托资产规模占比在 80% 及以上，比 2022 年减少 4 家；有 21 家占比处于 50%（含）~80%，比 2022 年减少 4 家；占比在 50% 以下的信托公司有 26 家，高于 2022 年的 17 家。

表 1－4 2023 年主动管理类信托资产规模与占比情况

项目	2023 年		2022 年	
	公司数量（家）	占比（%）	公司数量（家）	占比（%）
占比 80% 及以上	11	18.97	15	26.32
占比 50%（含）~80%	21	36.21	25	43.86
占比 30%（含）~50%	16	27.59	9	15.79
占比 10%（含）~30%	8	13.79	5	8.77
占比 10% 以下	2	3.45	3	5.26
合计	58	100.00	57	100.00

注：厦门国际信托未公布主动管理类信托和被动管理类信托相关数据。

四、信托行业平均收入较上年回升，创收能力有待提升

图 1－5 为 2016—2023 年信托行业平均收入变动情况。从 2016 年开始，信托行业平均收入进入波动区间，上升和下降交替出现。2018 年信托行业平均收入为 1624831 万元，2019 年增长至 2217505 万元，同比增长 36.48%；2020 年维持增长态势，增至 2327407 万元，同比增长 4.96%；2021 年相比 2020 年下降 16.08%，2022 年平均降幅更是达到了 40.51%，2023 年回升至 1331450 万元，同比增长 14.58%。与 2021 年之前相比，信托行业平均收入仍处于低位，创收能力有待持续提升。

图 1－6 为 2017—2023 年信托行业平均资本利润率变动情况。作为衡量信托公司盈利能力的主要指标，资本利润率主要反映企业所有者剩余权益的获利能力。2009 年以来，以 2012 年为拐点，信托公司的资本利润率经历了两个阶段的波动：2009—2012 年持续小幅上涨，2012—2019 年持续下降至 9.55%。2020 年和 2021 年该指标分别为 8.68% 和 7.56%，2022 年和 2023 年进一步分别降至 5.04% 和 4.55%。由此可见，随着政策利

率的持续走低,信托行业单位资本的盈利能力也在持续下降。

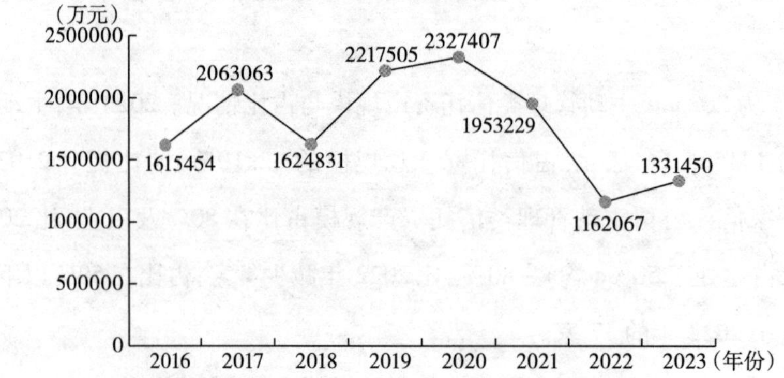

图1-5　2016—2023年信托行业平均收入变动情况

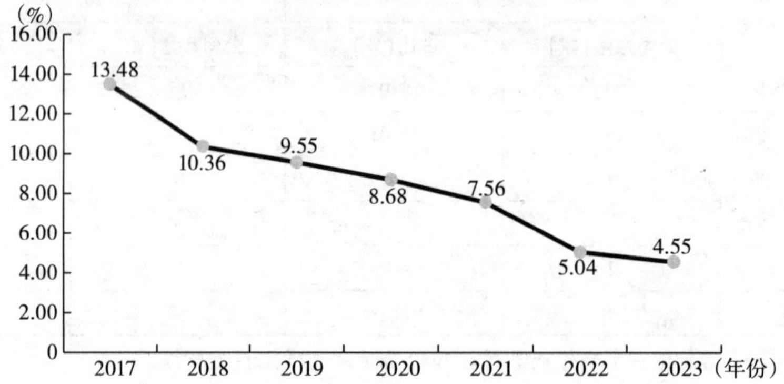

图1-6　2017—2023年信托行业平均资本利润率变动情况

图1-7为2017—2023年信托行业平均信托报酬率变动情况。2017年以来信托行业平均信托报酬率呈波动趋势。其中,2017—2018年呈下降趋势,信托行业平均信托报酬率分别为0.62%和0.52%;2019—2021年持续回升,信托行业平均信托报酬率分别为0.56%、0.56%和0.64%;2022—2023年信托行业平均信托报酬率分别降至0.63%和0.48%。

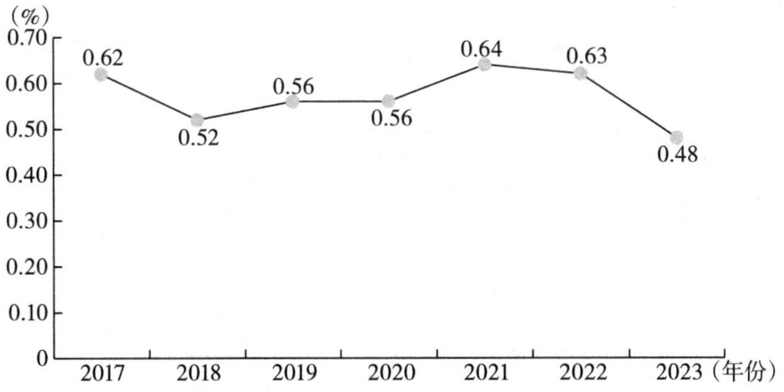

图1－7 2017—2023年信托行业平均信托报酬率变动情况

图1－8列示了2017—2023年信托行业平均人均净利润变动情况。2015年以前，信托行业平均人均净利润持续小幅增长，2015年平均人均净利润达到427.14万元的历史峰值，2016年大幅下跌，跌幅为8.59%。2017—2019年这种下跌趋势并没有得到遏制，平均人均净利润分别为369.20万元、323.13万元和311.92万元，2020年该指标回升至320.76万元，但2021年、2022年和2023年该指标再次进入下行通道，平均人均净利润分别为280.30万元、227.98万元和202.55万元，3年的同比降幅均超过10%。

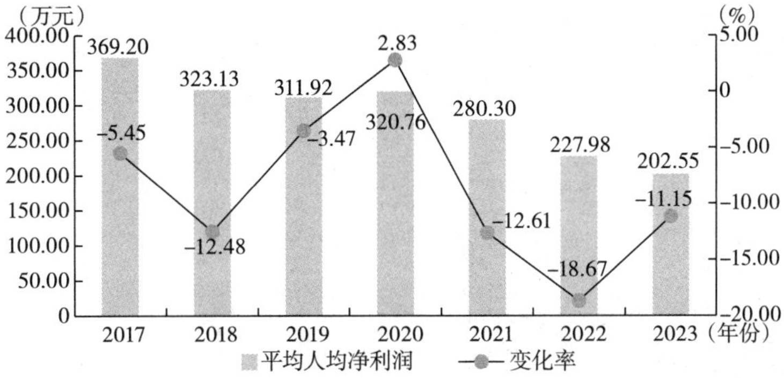

图1－8 2017—2023年信托行业平均人均净利润变动情况

第二章　主要财务指标分析

财务指标是衡量信托公司整体业绩表现的重要标准，考核信托行业的财务指标主要有资本利润率、信托报酬率和人均净利润等。

第一节　资本利润率

从本书截至 2024 年 6 月 25 日（以下统计时间口径相同）获得的 2023 年的年报披露情况来看，除北京国信、中融信托、长安国信、雪松国信、四川信托、新时代信托、华信信托和民生信托以外，其余 59 家公司均披露了资本利润率这一指标。

作为反映信托公司盈利能力的重要指标，2023 年全行业平均资本利润率由 2022 年的 5.04% 下降至 4.55%，平均资本利润率已经连续 7 年持续下滑。从行业整体来看，在 59 家信托公司中，有 6 家的资本利润率在 10% 以上。值得注意的是，由于行业整体利润率下降，2023 年只有上海信托的资本利润率超过 15%，达到 22.79%。

综观信托行业整体情况，2023 年各公司资本利润率标准差为 5.55%，相比 2022 年各公司资本利润率离散程度有所下降，该指标近几年基本维持集中的态势，具体数据见表 2－1。

表 2－1　2019—2023 年信托公司资本利润率统计分析

项目	2019 年	2020 年	2021 年	2022 年	2023 年
平均值（%）	9.55	8.68	7.56	5.04	4.55
平均值增长（个百分点）	－0.95	－0.87	－1.12	－2.52	－0.49
公司数目（家）	64	60	57	56	59
最大值（%）	22.37	20.58	21.23	14.13	22.79
最小值（%）	－5.88	－8.95	－28.79	－21.99	－11.65
标准差（%）	5.48	5.25	6.83	5.62	5.55
变异系数	0.57	0.60	0.90	1.11	1.22

如表2－2所示,2023年度资本利润率表现比较优异的信托公司前5名分别为上海信托(22.79%)、英大信托(13.23%)、中海信托(11.58%)、华鑫信托(11.57%)以及紫金信托(11.13%)。与2022年相比,前5名公司的组成变化不大。从行业整体来看,资本利润率水平出现持续下滑。与此同时,2013年资本利润率在15%～30%的公司为42家,2014年为34家,2015年达到37家,2016年为28家,2017年为24家,2018年为11家,2019年为10家,2020年为6家,2021年为5家,2022年为0家,2023年仅有1家信托公司资本利润率超过15%。由此可见,自2016年起,在信托行业整体资本利润率不断下滑的同时,行业中坚阵营的数量也在持续下降。

从资本利润率增幅来看,2023年,资本利润率增幅排名前5的公司分别为上海信托(17.68个百分点)、华澳信托(10.34个百分点)、金谷信托(4.36个百分点)、中建投信托(4.01个百分点)和中粮信托(3.14个百分点),如表2－3所示。

信托公司资本利润率是净利润与平均资本的比率,因此公司净利润与注册资本规模的变化均会对资本利润率产生影响。信托公司通过增资或者出售股权资产等方式获取大规模资金后,通过有效的资产管理,可以使得业绩大幅提升。

表2－2　资本利润率序列(2023年)　(%)

序号	公司简称	2023年	2022年	2021年
1	上海信托	22.79	5.11	5.11
2	英大信托	13.23	12.34	12.34
3	中海信托	11.58	11.19	11.19
4	华鑫信托	11.57	9.19	9.19
5	紫金信托	11.13	10.48	10.48
6	国民信托	10.02	9.38	9.38
7	江苏国信	9.85	7.98	7.98
8	华宝信托	9.52	8.41	8.41
9	财信信托	9.45	9.92	9.92
10	粤财信托	9.25	14.13	14.13
11	云南国信	9.13	9.98	9.98
12	国投泰康	8.88	11.18	11.18
13	厦门国信	8.28	9.87	9.87
14	中粮信托	8.26	5.12	5.12
15	西部信托	8.25	8.00	8.00
16	苏州信托	8.06	8.01	8.01

续表

序号	公司简称	2023 年	2022 年	2021 年
17	华能贵诚	7.80	9.37	9.37
18	国元信托	7.70	7.70	7.70
19	天津信托	7.64	8.32	8.32
20	国联信托	7.48	8.06	8.06
21	金谷信托	7.48	3.12	3.12
22	国通信托	6.77	7.85	7.85
23	中信信托	6.58	9.23	9.23
24	陕国投	6.50	未披露	未披露
25	建信信托	6.14	9.28	9.28
26	西藏信托	5.94	6.18	6.18
27	外贸信托	5.37	4.35	4.35
28	五矿信托	5.05	7.61	7.61
29	中诚信托	4.90	5.68	5.68
30	交银国信	4.88	6.30	6.30
31	华润信托	4.44	8.39	8.39
32	中泰信托	4.30	1.89	1.89
33	北方国信	4.13	5.27	5.27
34	华宸信托	4.04	3.36	3.36
35	浙金信托	3.61	4.66	4.66
36	爱建信托	3.59	4.89	4.89
37	百瑞信托	2.78	5.37	5.37
38	平安信托	2.34	5.94	5.94
39	光大兴陇	2.19	7.42	7.42
40	山东国信	2.13	未披露	未披露
41	吉林信托	2.04	未披露	未披露
42	陆家嘴信托	1.89	6.83	6.93
43	中铁信托	1.67	6.14	6.14
44	中原信托	1.57	1.46	1.46
45	山西信托	1.50	1.46	1.46
46	大业信托	1.08	1.08	1.08
47	华融国信	0.90	1.04	1.04
48	东莞信托	0.80	0.50	0.50
49	重庆国信	0.77	1.18	1.18
50	长城新盛	0.63	-0.26	-0.26
51	中航信托	0.46	4.62	4.62

续表

序号	公司简称	2023年	2022年	2021年
52	渤海信托	0.24	0.13	0.13
53	建元信托(安信信托)	0.03	未披露	未披露
54	兴业信托	-3.28	-0.75	-0.75
55	工商信托	-4.30	-4.38	-4.38
56	中建投信托	-4.77	-8.78	-8.78
57	昆仑信托	-5.95	-2.96	-2.96
58	万向信托	-8.18	8.23	8.23
59	华澳信托	-11.65	-21.99	-21.99
60	北京国信	未披露	10.31	未披露
61	中融信托	未披露	7.22	7.22
62	长安国信	未披露	未披露	未披露
63	雪松国信	未披露	未披露	未披露
64	四川信托	未披露	未披露	未披露
65	新时代信托	未披露	未披露	未披露
66	华信信托	未披露	未披露	未披露
67	民生信托	未披露	未披露	未披露

表2-3 资本利润率增长序列(2023年) (个百分点)

序号	公司简称	2023年	2022年	2021年
1	上海信托	17.68	-3.06	-1.68
2	华澳信托	10.34	-28.90	-2.86
3	金谷信托	4.36	0.29	0.02
4	中建投信托	4.01	-12.01	-3.10
5	中粮信托	3.14	-5.13	3.61
6	中泰信托	2.41	0.08	-2.85
7	华鑫信托	2.38	-2.51	-0.59
8	江苏国信	1.87	-0.79	-0.32
9	华宝信托	1.11	-0.58	0.62
10	外贸信托	1.02	-4.10	0.71
11	英大信托	0.89	0.50	-1.08
12	长城新盛	0.89	3.94	4.75
13	华宸信托	0.68	0.36	0.76
14	紫金信托	0.65	-3.51	0.46
15	国民信托	0.64	0.82	0.78
16	中海信托	0.39	39.98	-33.54

续表

序号	公司简称	2023 年	2022 年	2021 年
17	东莞信托	0.30	-0.82	-7.73
18	西部信托	0.25	0.15	0.09
19	中原信托	0.11	-2.45	0.40
20	渤海信托	0.11	-0.27	0.27
21	工商信托	0.08	-11.04	-7.23
22	苏州信托	0.05	-2.18	0.62
23	山西信托	0.04	0.04	0.47
24	大业信托	0.00	-3.12	-0.84
25	国元信托	0.00	未披露	-7.31
26	华融国信	-0.14	-14.17	未披露
27	西藏信托	-0.24	-2.95	0.21
28	重庆国信	-0.41	-5.24	-3.14
29	财信信托	-0.47	-0.06	0.74
30	国联信托	-0.58	0.72	-1.24
31	天津信托	-0.68	-0.11	-0.02
32	中诚信托	-0.78	-0.07	0.36
33	云南国信	-0.85	-0.77	0.71
34	浙金信托	-1.05	-1.22	1.10
35	国通信托	-1.08	-2.03	2.68
36	北方国信	-1.14	-1.15	0.26
37	爱建信托	-1.30	-6.87	-3.62
38	交银国信	-1.42	-2.59	-0.68
39	华能贵诚	-1.57	-6.15	-2.05
40	厦门国信	-1.59	-2.39	1.18
41	国投泰康	-2.30	-1.68	-0.71
42	兴业信托	-2.53	-1.67	-5.82
43	五矿信托	-2.56	-2.74	-7.12
44	百瑞信托	-2.59	-2.53	-3.62
45	中信信托	-2.65	0.33	2.14
46	昆仑信托	-2.99	-5.44	-6.81
47	建信信托	-3.14	-0.91	2.00
48	平安信托	-3.60	2.17	-8.66
49	华润信托	-3.95	-4.32	1.04
50	中航信托	-4.16	-6.11	-4.09
51	中铁信托	-4.47	-1.53	-2.99

续表

序号	公司简称	2023 年	2022 年	2021 年
52	粤财信托	-4.88	未披露	3.40
53	陆家嘴信托	-4.94	-14.30	2.34
54	光大兴陇	-5.23	-2.94	-10.22
55	万向信托	-16.41	-11.99	0.78
56	华宝信托	未披露	-0.58	0.62
57	中融信托	未披露	0.37	0.29
58	北京国信	未披露	未披露	-0.12
59	长安国信	未披露	未披露	-0.14
60	吉林信托	未披露	未披露	-0.81
61	建元信托(安信信托)	未披露	未披露	未披露
62	陕国投	未披露	未披露	未披露
63	雪松国信	未披露	未披露	未披露
64	四川信托	未披露	未披露	未披露
65	民生信托	未披露	未披露	未披露
66	新时代信托	未披露	未披露	未披露
67	华信信托	未披露	未披露	未披露

第二节　信托报酬率

信托报酬是受托人通过管理和运作信托财产而获取的报酬。按照《信托投资公司信息披露管理暂行办法》,信托业务报酬率的计算是以信托业务收入除以实收信托平均余额,这一指标反映的是信托公司在信托业务中所获得的报酬。实际运作中,信托公司在对信托资产的管理中,主动管理能力强、作用发挥得大,取得的报酬一般就会较高。如果信托公司在信托业务中并没有进行主动管理、所起到的作用小,信托报酬率就会偏低。

从2023年的年报披露情况来看,有48家信托公司公布了信托报酬率,比2022年增加了2家。2023年信托行业平均信托报酬率为0.48%,较2022年的0.63%有所下降(见图2-1)。

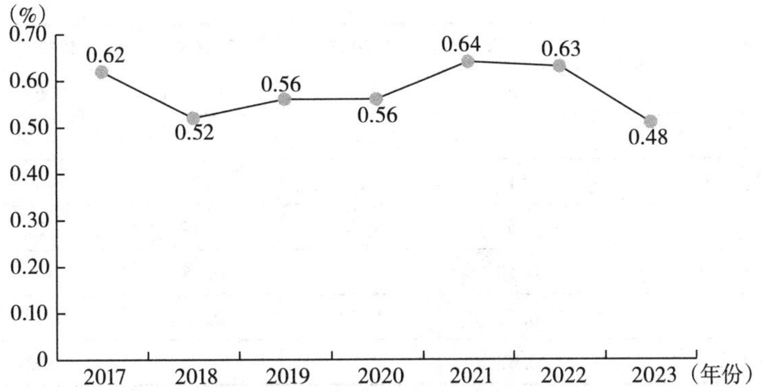

图 2-1 2017—2023 年信托公司信托报酬率

信托行业的平均报酬率自 2016 年开始进入下行通道，2017 年呈现明显下降,2018 年延续了 2017 年的下降态势,2019 年虽有反弹,但幅度很小,2020 年与 2019 年持平，2021 年出现明显回升,2022 年出现小幅下降,2023 年出现大幅下降。

2023 年,有可比数据的 45 家信托公司中,32 家信托公司报酬率指标下降,11 家上升,2 家与前一年持平。随着资管行业竞争加剧,信托公司传统业务的盈利空间逐步收窄。

在披露2023 年信托报酬率指标的48 家信托公司中,下滑幅度最大的是东莞信托,其 2023 年信托报酬率同比下降了 1.32 个百分点;其次是长城新盛,同比下降了 0.86 个百分点。中小信托公司清算项目数量较少,单一项目报酬率对公司整体报酬率指标的影响较大,因此中小信托公司报酬率指标波动比大型公司更加明显。研究表明,主动管理类资产占比较高的信托公司受经营环境影响相对较小,预计行业两极分化的趋势会进一步加强。

从信托报酬率分布的离散程度来看,2023 年信托报酬率分布的标准差为 0.38%，相比 2022 年的 0.58% 有所下降。在样本公司中,大部分信托公司(44 家)的信托报酬率低于 1%。其中,有 37 家信托公司的信托报酬率低于 0.5%,具体数据见表 2-4 至表 2-6。

从信托报酬率排名来看,2023 年,信托报酬率表现比较优异的信托公司前 5 名分别为东莞信托(1.89%)、爱建信托(1.76%)、苏州信托(1.50%)、工商信托(1.30%)和紫金信托(0.91%)。

表 2-4　2019—2023 年信托公司信托报酬率统计分析

项目	2019 年	2020 年	2021 年	2022 年	2023 年
平均值(%)	0.56	0.56	0.64	0.63	0.48
平均值增长(个百分点)	0.04	0.00	0.08	-0.01	-0.15
公司数目(家)	51	49	47	46	48
最大值(%)	2.51	2.48	2.44	3.21	1.89
最小值(%)	0.10	0.10	0.18	0	0.06
标准差(%)	0.50	0.40	0.50	0.58	0.38
变异系数	0.88	0.72	0.79	0.92	0.79

表 2-5　信托公司信托报酬率序列(2023 年)　(%)

序号	公司简称	2023 年	2022 年	2021 年
1	东莞信托	1.89	3.21	2.44
2	爱建信托	1.76	2.15	2.00
3	苏州信托	1.50	1.33	1.34
4	工商信托	1.30	1.51	2.33
5	紫金信托	0.91	1.29	0.88
6	平安信托	0.71	0.86	0.81
7	国联信托	0.60	0.82	0.43
8	陆家嘴信托	0.55	0.74	0.60
9	交银国信	0.54	0.17	0.29
10	金谷信托	0.52	0.42	0.39
11	中航信托	0.51	0.59	0.66
12	国民信托	0.49	0.65	0.45
13	江苏国信	0.48	0.92	0.45
14	吉林信托	0.48	未披露	未披露
15	国投泰康	0.47	0.66	0.78
16	财信信托	0.46	未披露	未披露
17	华宸信托	0.45	1.13	0.26
18	重庆国信	0.44	0.49	0.96
19	陕国投	0.44	0.68	0.54
20	国元信托	0.44	0.32	未披露
21	山东国信	0.44	0.00	未披露
22	浙金信托	0.41	0.63	0.76
23	华鑫信托	0.41	0.44	0.47
24	国通信托	0.39	0.49	0.58
25	西藏信托	0.37	0.44	0.40

续表

序号	公司简称	2023 年	2022 年	2021 年
26	北方国信	0.36	1.07	0.65
27	山西信托	0.36	0.20	0.60
28	五矿信托	0.36	0.42	0.48
29	华澳信托	0.34	0.43	0.61
30	英大信托	0.34	0.34	0.34
31	天津信托	0.34	0.30	0.30
32	中泰信托	0.33	0.36	0.50
33	光大兴陇	0.33	0.41	0.48
34	大业信托	0.31	未披露	0.70
35	厦门国信	0.30	0.38	0.39
36	云南国信	0.29	0.29	0.28
37	百瑞信托	0.26	0.18	0.34
38	上海信托	0.26	0.18	0.25
39	长城新盛	0.24	1.10	1.52
40	渤海信托	0.24	0.40	0.50
41	建信信托	0.24	0.23	0.25
42	中铁信托	0.23	0.66	0.64
43	西部信托	0.22	0.23	0.24
44	兴业信托	0.20	0.28	0.34
45	昆仑信托	0.20	0.56	0.31
46	外贸信托	0.16	0.22	0.38
47	中原信托	0.15	0.22	0.47
48	建元信托（安信信托）	0.06	0.02	0.18
49	长安国信	未披露	未披露	0.62
50	民生信托	未披露	0.13	0.49
51	北京国信	未披露	未披露	0.35
52	中诚信托	未披露	未披露	未披露
53	中海信托	未披露	未披露	未披露
54	中融信托	未披露	未披露	未披露
55	中信信托	未披露	未披露	未披露
56	华融国信	未披露	未披露	未披露
57	粤财信托	未披露	未披露	未披露
58	华宝信托	未披露	未披露	未披露
59	华润信托	未披露	未披露	未披露
60	雪松国信	未披露	未披露	未披露

续表

序号	公司简称	2023年	2022年	2021年
61	中建投信托	未披露	未披露	未披露
62	华能贵诚	未披露	未披露	未披露
63	四川信托	未披露	未披露	未披露
64	中粮信托	未披露	未披露	未披露
65	万向信托	未披露	未披露	未披露
66	华信信托	未披露	未披露	未披露
67	新时代信托	未披露	未披露	未披露

表2-6 信托公司信托报酬率增长序列(2023年) (个百分点)

序号	公司简称	2023年	2022年	2021年
1	山东国信	0.44	未披露	未披露
2	交银国信	0.37	-0.12	0.00
3	苏州信托	0.17	-0.01	0.34
4	山西信托	0.16	-0.40	0.11
5	国元信托	0.12	未披露	未披露
6	金谷信托	0.10	0.03	0.07
7	百瑞信托	0.08	-0.16	-0.19
8	上海信托	0.08	-0.06	-0.03
9	天津信托	0.04	0.00	0.10
10	建元信托(安信信托)	0.04	-0.16	0.04
11	建信信托	0.01	-0.02	0.01
12	英大信托	0.00	0.00	0.00
13	云南国信	0.00	0.01	-0.04
14	西部信托	-0.01	-0.01	0.00
15	中泰信托	-0.03	-0.14	0.07
16	华鑫信托	-0.03	-0.03	0.01
17	重庆国信	-0.05	-0.47	-0.04
18	五矿信托	-0.06	-0.06	-0.19
19	外贸信托	-0.06	-0.16	-0.02
20	中原信托	-0.07	-0.25	0.15
21	西藏信托	-0.07	0.04	0.13
22	中航信托	-0.08	-0.07	0.00
23	厦门国信	-0.08	-0.01	0.01
24	兴业信托	-0.08	-0.06	-0.08
25	光大兴陇	-0.08	-0.07	-0.10

续表

序号	公司简称	2023 年	2022 年	2021 年
26	华澳信托	-0.09	-0.18	0.17
27	国通信托	0.10	-0.09	0.04
28	平安信托	-0.15	0.05	0.18
29	国民信托	-0.16	0.20	0.18
30	渤海信托	-0.16	-0.10	0.10
31	国投泰康	-0.19	-0.12	0.20
32	陆家嘴信托	-0.19	0.14	0.06
33	工商信托	-0.21	-0.82	-0.15
34	浙金信托	-0.22	-0.13	-0.02
35	国联信托	-0.22	0.39	-0.55
36	陕国投	-0.24	0.14	0.08
37	昆仑信托	-0.36	0.25	-0.11
38	紫金信托	-0.38	0.41	-0.04
39	爱建信托	-0.39	0.15	0.71
40	中铁信托	-0.43	0.02	0.35
41	江苏国信	-0.44	0.47	-0.04
42	华宸信托	-0.68	0.87	-0.14
43	北方国信	-0.71	0.42	0.41
44	长城新盛	-0.86	-0.42	0.08
45	东莞信托	-1.32	0.78	1.38
46	长安国信	未披露	未披露	0.07
47	大业信托	未披露	未披露	-0.03
48	北京国信	未披露	未披露	-0.25
49	民生信托	未披露	-0.36	-0.31
50	中诚信托	未披露	未披露	未披露
51	中海信托	未披露	未披露	未披露
52	中融信托	未披露	未披露	未披露
53	中信信托	未披露	未披露	未披露
54	华融国信	未披露	未披露	未披露
55	粤财信托	未披露	未披露	未披露
56	财信信托	未披露	未披露	未披露
57	华宝信托	未披露	未披露	未披露
58	华润信托	未披露	未披露	未披露
59	雪松国信	未披露	未披露	未披露
60	中建投信托	未披露	未披露	未披露

续表

序号	公司简称	2023年	2022年	2021年
61	华能贵诚	未披露	未披露	未披露
62	四川信托	未披露	未披露	未披露
63	中粮信托	未披露	未披露	未披露
64	万向信托	未披露	未披露	未披露
65	华信信托	未披露	未披露	未披露
66	新时代信托	未披露	未披露	未披露
67	吉林信托	未披露	未披露	未披露

第三节 人均净利润

从2023年的年报披露情况来看,有59家信托公司公布了人均净利润。2023年,信托行业平均人均净利润为206.22万元,比2022年下降了26.01万元。自2016年起平均人均净利润指标出现下降,至2019年连续4年维持下降态势,2020年虽出现小幅上升,但在2022年出现了大幅度下降,2023年这一指标持续下降。

从人均净利润的统计分析来看,2023年有两家信托公司人均净利润超过1000万元,分别是江苏国信和上海信托。表2-7显示了2019—2023年信托公司人均净利润相关的主要统计指标。

表2-7 2019—2023年信托公司人均净利润统计分析

项目	2019年	2020年	2021年	2022年	2023年
平均值(万元)	311.92	320.76	280.30	232.23	206.22
平均值增长幅度(万元)	-11.21	8.84	-40.46	-48.07	-26.01
平均值增长率(%)	-0.03	2.83	-12.61	-17.15	-11.20
公司数目(家)	63	59	57	56	59
最大值(万元)	1760.48	1364.34	1014.18	894.07	1130.42
最小值(万元)	-98.99	-115.54	-725.42	-491.03	-287.32
标准差(万元)	320.66	263.94	281.68	249.99	269.62
变异系数	1.03	0.82	1.00	1.08	1.31

如图2-2所示,2015年有50家信托公司的人均净利润达到了150万元以上,2016年达到了54家,2017年与2016年持平,均为53家,2018年则下降为49家,2019年下降至44家,2020年下降至41家,2021年下降至37家,2022年下降至33家,而2023年仅有30家。

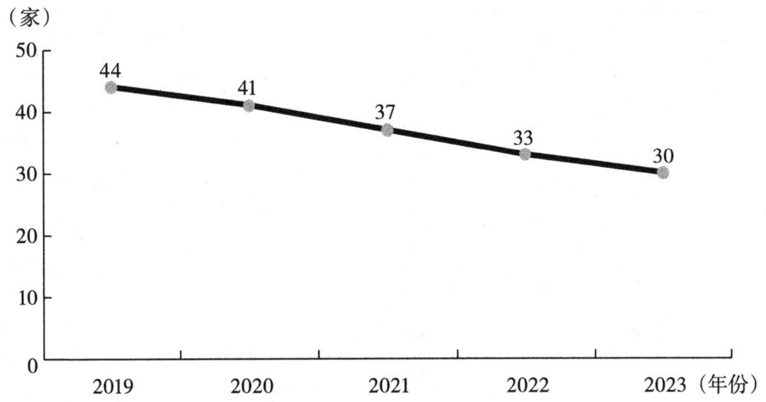

图 2－2 2019—2023 年人均净利润 150 万元以上公司数

从人均净利润排名来看，2023 年，人均净利润表现比较优异的前 5 名信托公司分别为江苏国信（1130.42 万元）、上海信托（1120.30 万元）、英大信托（743.26 万元）、华鑫信托（689.46 万元）和华能贵诚（597.88 万元）（见表 2－8）。

从人均净利润增幅来看，2023 年，人均净利润增幅排名前 5 的信托公司分别为上海信托（增长 411.13%）、兴业信托（增长 369.48%）、金谷信托（增长 172.99%）、中泰信托（增长 134.59%）、昆仑信托（增长 104.38%）。人均净利润降幅最大的公司是长城新盛，降幅达 397.32%。由此可见，行业内部分公司的人均净利润指标的年度差异性较大，如表2－9所示。

2023 年信托公司人均净利润平均增幅为 5.90%，相比 2022 年均值上升 25.8 个百分点。

表 2－8 信托公司人均净利润序列（2023 年） 单位：万元

序号	公司简称	2023 年	2022 年	2021 年
1	江苏国信	1130.42	894.07	914.66
2	上海信托	1120.30	219.18	333.12
3	英大信托	743.26	663.45	613.90
4	华鑫信托	689.46	544.14	538.54
5	华能贵诚	597.88	662.82	1014.18
6	粤财信托	496.06	717.68	721.85
7	国联信托	486.89	572.87	501.43
8	紫金信托	462.85	401.18	402.70
9	国元信托	438.00	416.00	未披露

续表

序号	公司简称	2023 年	2022 年	2021 年
10	华宝信托	405.72	262.60	267.58
11	建信信托	382.55	534.93	548.46
12	财信信托	323.00	362.00	362.00
13	国投泰康	322.10	402.38	481.71
14	中信信托	319.55	439.41	350.18
15	交银国信	313.33	384.67	512.59
16	苏州信托	304.40	301.65	322.73
17	西藏信托	298.92	302.76	417.91
18	华润信托	276.27	533.10	818.60
19	中泰信托	274.59	117.05	98.69
20	中诚信托	270.54	309.26	300.86
21	中海信托	261.67	232.21	-725.42
22	中粮信托	242.85	137.49	201.36
23	外贸信托	223.86	178.76	360.98
24	厦门国信	221.65	244.34	302.33
25	五矿信托	221.39	339.04	467.03
26	国通信托	210.54	183.01	163.82
27	天津信托	207.61	217.51	253.40
28	陕国投	174.31	未披露	未披露
29	浙金信托	170.99	190.32	229.15
30	国民信托	155.97	131.39	108.98
31	金谷信托	146.84	53.79	55.05
32	百瑞信托	124.46	229.00	342.92
33	云南国信	133.00	137.00	135.00
34	西部信托	124.17	126.96	128.77
35	平安信托	119.51	223.06	130.27
36	重庆国信	115.09	166.37	850.67
37	北方国信	97.54	117.97	129.78
38	山东国信	70.94	0.00	未披露
39	爱建信托	63.98	77.31	180.95
40	陆家嘴信托	59.71	209.09	396.56
41	中铁信托	58.00	213.00	269.00
42	华宸信托	52.91	40.06	31.06
43	光大兴陇	49.57	142.48	177.44
44	中原信托	47.11	42.28	119.13

续表

序号	公司简称	2023 年	2022 年	2021 年
45	吉林信托	26.18	未披露	未披露
46	东莞信托	23.42	11.66	22.44
47	大业信托	20.22	未披露	67.16
48	中航信托	19.06	201.51	579.75
49	华融国信	15.04	16.24	207.70
50	山西信托	14.54	16.47	11.30
51	建元信托(安信信托)	13.85	未披露	未披露
52	长城新盛	12.22	-4.11	-55.99
53	渤海信托	11.58	6.49	19.87
54	万向信托	-69.59	99.58	194.78
55	工商信托	-97.00	-97.00	141.00
56	中建投信托	-116.06	-207.60	72.52
57	兴业信托	-149.39	-31.82	33.69
58	昆仑信托	-279.72	-136.86	123.87
59	华澳信托	-287.32	-491.03	152.40
60	中融信托	未披露	709.73	685.84
61	北京国信	未披露	未披露	301.00
62	长安国信	未披露	47.58	55.59
63	雪松国信	未披露	86.43	未披露
64	民生信托	未披露	未披露	未披露
65	四川信托	未披露	未披露	未披露
66	新时代信托	未披露	未披露	未披露
67	华信信托	未披露	310.00	未披露

表 2-9 信托公司人均净利润增幅序列(2023 年) (%)

序号	公司简称	2023 年	2022 年	2021 年
1	上海信托	411.13	-34.20	-12.89
2	兴业信托	369.48	-194.45	-83.82
3	金谷信托	172.99	-2.29	-20.62
4	中泰信托	134.59	18.60	-57.51
5	昆仑信托	104.38	-210.49	-73.02
6	东莞信托	100.86	-48.04	-84.11
7	渤海信托	78.43	-67.34	-96.94
8	中粮信托	76.63	-31.72	107.54
9	华宝信托	54.50	-1.86	11.02

续表

序号	公司简称	2023年	2022年	2021年
10	华宸信托	32.08	28.98	37.92
11	华鑫信托	26.71	1.04	35.39
12	江苏国信	26.44	-2.25	-3.08
13	外贸信托	25.23	-50.48	16.46
14	国民信托	18.71	20.56	18.17
15	紫金信托	15.37	-0.38	31.89
16	国通信托	15.04	11.71	31.51
17	中海信托	12.69	-132.01	-615.03
18	英大信托	12.03	8.07	-6.65
19	中原信托	11.42	-64.51	-2.03
20	国元信托	5.29	未披露	-100.00
21	苏州信托	0.91	-6.53	17.09
22	工商信托	0.00	-168.79	-51.21
23	西藏信托	-1.27	-27.55	5.45
24	西部信托	-2.20	-1.41	8.24
25	云南国信	-2.92	1.48	27.36
26	天津信托	-4.55	-14.16	-17.18
27	华融国信	-7.39	未披露	未披露
28	厦门国信	-9.29	-19.18	16.20
29	华能贵诚	-9.80	-34.64	-0.85
30	浙金信托	-10.16	-16.95	-20.42
31	财信信托	-10.77	0.00	11.04
32	山西信托	-11.72	45.75	52.91
33	中诚信托	-12.52	2.79	5.09
34	国联信托	-15.01	14.25	-11.33
35	爱建信托	-17.24	-57.28	-19.30
36	北方国信	-17.32	-9.10	18.23
37	交银国信	-18.55	-24.96	-1.13
38	国投泰康	-19.95	-16.47	7.05
39	中信信托	-27.28	25.48	28.15
40	建信信托	-28.49	-2.47	37.26
41	重庆国信	-30.82	-80.44	-37.65
42	粤财信托	-30.88	-0.58	45.36
43	五矿信托	-34.70	-27.41	-22.44
44	华澳信托	-41.49	-422.20	-20.29

续表

序号	公司简称	2023 年	2022 年	2021 年
45	中建投信托	-44.09	-386.27	-44.44
46	百瑞信托	-45.65	-33.22	-36.79
47	平安信托	-46.42	71.23	-75.82
48	华润信托	-48.18	-34.88	14.22
49	光大兴陇	-65.21	-19.70	-39.87
50	陆家嘴信托	-71.44	-47.27	25.25
51	中铁信托	-72.77	-20.82	-25.48
52	中航信托	-90.54	-65.24	0.00
53	万向信托	-169.88	-48.88	15.80
54	长城新盛	-397.32	-92.66	-51.54
55	中融信托	未披露	3.48	199.08
56	大业信托	未披露	未披露	10.22
57	北京国信	未披露	未披露	5.61
58	长安国信	未披露	未披露	-5.17
59	建元信托(安信信托)	未披露	未披露	未披露
60	陕国投	未披露	未披露	未披露
61	山东国信	未披露	未披露	未披露
62	雪松国信	未披露	未披露	未披露
63	四川信托	未披露	未披露	未披露
64	民生信托	未披露	未披露	未披露
65	吉林信托	未披露	未披露	未披露
66	新时代信托	未披露	未披露	未披露
67	华信信托	未披露	未披露	未披露

第三章　信托资产分布与运用分析

第一节　信托资产规模

一、信托资产规模的整体分析

2023 年信托行业资产规模整体提升,实现了信托资产规模平均数、中位数的双增长。59 家信托公司平均信托资产规模达到 3861. 37 亿元,较 2022 年增长 14. 13%;信托资产规模中位数为 2342. 31 亿元,远低于平均数,表明处于行业头部的信托公司对提升信托资产平均数有明显拉动作用。

从历史数据来看,2014—2017 年,信托公司的信托资产规模连续 3 年实现增长,并且其增速也呈现递增趋势。但是 2018 年随着宏观经济增速放缓以及金融监管机制日益完善,信托资产规模进入下行区间。2018—2020 年,信托资产规模连续 3 年出现下降。其中,2018 年信托资产规模均值为 33414889 万元,同比下降 10. 89%;2019 年信托资产规模均值为 32273384 万元,同比下降 3. 42%;2020 年信托资产规模均值为 31771867 万元,同比下降 1. 55%。自 2021 年开始,信托资产规模行业均值不仅实现了止跌回升,而且实现了连续 3 年的增长,对比自营资产规模的变化,可以发现信托行业回归本源的趋势较为明显.

通过分析相关数据,可以发现如下两个显著特征:第一,行业内信托资产规模分化现象较为明显。在连续 3 年披露了信托资产规模数据的 59 家信托公司中,有 29 家公司信托资产规模同比增长,有 30 家公司信托资产规模同比下降。从均值与中位数的对比来看,2023 年信托资产规模的均值为 3861. 37 亿元,中位数为 2342. 31 亿元,均值远远大于中位数。因此,行业内信托资产规模的增长具有非均衡性。第二,信托资产行业集中度有所提升。已披露年报的信托公司中有 18 家信托资产增幅超过 20%,增幅最高的达到

170.12%；有11家信托公司信托资产降幅超过20%，降幅最大的为35.67%。

信托资产排名前10的公司信托资产规模总额为1161074131万元，占行业总额的50.97%。行业内信托资产规模增长排名前10的公司增长均值为19798127万元，但整个行业信托资产规模增长均值仅为1261299万元，有大量的公司信托资产出现下降，这表明信托公司之间的差距在进一步加大。2023年，在披露了相关信息的公司中，有33家公司信托资产规模缩减，虽然与2017年仅有11家信托公司负向调整信托资产的数据相比仍然存在一定差距，但是相比于2022年减少了5家。从公司层面来看，中信信托、华润信托、紫金信托、华鑫信托、中诚信托、国投泰康、英大信托、中原信托、百瑞信托的信托资产规模均实现了1000亿元以上的增长。

如表3-1所示，从信托资产规模分布的平均程度来看，2023年信托资产规模分布的标准差（48637938万元）与2022年的标准差（36630770万元）相比仍有较大幅度的上升。与此同时，变异系数在经历了2015—2018年连续4年的持续下行之后，2019年出现拐点，增加至0.94，2020年上升至0.97，2021年上升至1.06，2022年与2023年分别上升至1.08与1.22。这表明经过2018年的不利行业环境后，不同信托公司的调整能力存在一定的差异，导致行业内的金字塔现象更为明显。

表3-1　2019—2023年信托公司信托资产规模的统计分析

项目	2019年	2020年	2021年	2022年	2023年
平均值（万元）	32273384	31771867	32569648	33830947	38613700
平均值增长幅度（万元）	-1141505	-501518	797781	1261299	4782753
平均值增长率（%）	-3.42	-1.55	2.51	3.87	14.13
公司数目（家）	66	62	61	60	59
信托资产缩减的公司数（家）	47	42	38	33	30
最大值（万元）	157415596	152611401	169772922	165866574	259849667
最小值（万元）	213840	80577	78397	73290	113565
标准差（万元）	30354435	30922826	34382825	36630770	48637938
变异系数	0.94	0.97	1.06	1.08	1.22

二、信托资产规模的公司分析

从信托资产规模排名来看，2023年信托资产规模排名前5的信托公司分别为华润信托（259849667万元）、中信信托（205933488万元）、外贸信托（157244356万元）、建信信托（117085377万元）及光大信托（74319996万元）。在三分类新规的推动下，信托业转型步伐加快，信托资产规模总量持续增长，且增速较快。

具体来看，华润信托与中信信托两家公司信托资产规模均突破2万亿元，外贸信托与建信信托均突破1万亿元。

其中，华润信托是2023年信托资产规模最大的公司。截至2023年末，华润信托的信托资产规模达25984.97亿元，较2022年增长近1万亿元。华润信托投向证券市场的信托资金达2.28万亿元，占比87.70%，投向实业、基础产业、房地产业的资金占比分别为6.76%、0.43%、0.25%。投向证券市场的资金主要系华润信托的证券受托服务业务。公司最早从2004年起便已创新开展此类业务，目前公司证券受托服务贯穿产品发行、运作、终止清算各个阶段。

截至2023年末，中信信托的信托资产规模为2.06万亿元，较2022年末增长34%，重新突破2万亿元大关。报告期内，公司大力拓展资产服务信托，2023年末资产服务信托规模增长至1.19万亿元。在行政管理服务信托领域，作为年金行业中唯一的信托型受托人，年金受托管理总资产规模已达717.86亿元。另据披露，截至2023年末，中信信托资产管理信托规模达7502.87亿元。

截至2023年末，外贸信托业务规模超过1.5万亿元，是外贸信托连续第三年资产规模达万亿元以上。该公司的展业特征与华润信托类似，将主要精力集中在资本市场。

建信信托受托管理资产规模有较大幅度收缩，自2023年初的1.46万亿元下滑至年末的1.17万亿元，收缩比例接近20%。对比两年数据可知，建信信托财产权信托规模下降明显。

除上述几家信托公司外，还有不少信托公司2023年受托管理资产规模飙升，如陕国投、中粮信托、西藏信托等，规模增速均超过80%；西部信托、工商信托、北方信托和华鑫信托等的资产规模增长幅度均超过50%。以陕国投为例，截至2023年12月末，公司信托资产规模为5432.61亿元，同比增长87.01%。报告期内，陕国投财富管理募集资金规模超1000亿元，同比增长71.05%。再如西藏信托，2023年信托资产规模由期初的921.53亿元增加至期末的1683.55亿元，增长幅度超过80%。又如工商信托，该信托公司多年奉行“小而美”战略，几乎没有通道业务。2023年，公司资产规模自542.49亿元增长至883.2亿元，增长幅度超过60%。年报显示，公司主动管理型信托资产规模为460.93亿元。在过去一年中，其主动管理型证券投资类信托资产增幅较大。工商信托在年报中表示，公司着力“在战略业务领域扩规模、增收入”——将资产服务信托发展成为公司基石业务，快速扩大资产管理规模,将财富管理业务发展成为重点业务,全力推进渠道展业。

与上述信托公司形成鲜明对比的是,一些信托公司仍在努力“瘦身”。比如,陆家嘴信托2023年信托资产规模收缩比例接近30%,中海信托压降比例更是超过40%。此外,光大信托、华澳信托及长城信托等,信托资产规模收缩幅度也在20%以上。中海信托年报显示,公司2023年信托资产规模由期初的2858.7亿元下滑至期末的1646.44亿元,下滑比例超过40%。其间,公司集合信托资产规模不降反增,但财产权信托资产规模显著下降。2023年,陆家嘴信托的信托资产规模由1795.18亿元收缩至1283.46亿元,收缩比例为28.5%。年报数据显示,公司集合信托资产规模明显下降。

从信托公司信托资产规模的区间分布来看,信托资产规模在3000亿元以上的信托公司数量略有上升,2023年比2022年增加4家,其中信托资产规模在5000亿元以上的增加了6家。信托资产规模在2000亿元至4000亿元的信托公司少了5家(见图3-1)。信托公司信托资产的分布变化非常直观地反映出行业上游信托公司信托资产规模保持上行,但行业中下游特别是中游信托公司信托资产规模波动较大。

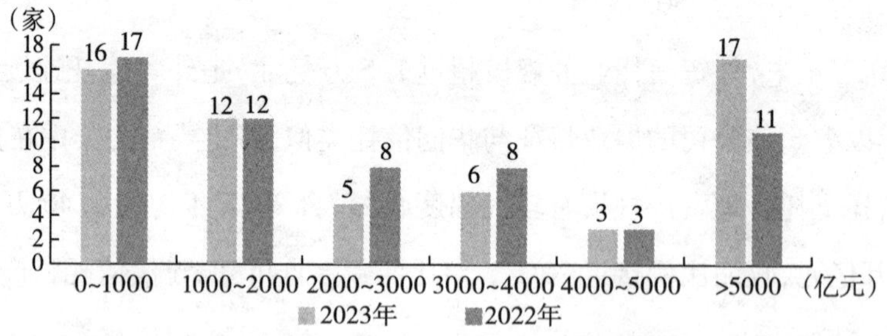

图3-1 2022年、2023年信托公司信托资产规模的区间分布

通过观察信托公司资产规模数据,即可感知行业分化之剧烈。2023年长城信托受托管理资产规模下滑至88亿元,下滑了近30%,华宸信托受托管理资产规模增长至11亿元,增长了55%。这两家公司的管理规模均不足百亿元,与行业头部的万亿元级公司的市场影响力相比真可谓天壤之别。

第二节 信托资产分布

信托公司信托资产的投向领域包括基础产业、房地产业、证券市场、金融机构、工商企业及其他。2023年,信托公司信托资产的投向结构有所优化。2010—2023年信托公司信托资产的行业分布如图 3 - 2 所示。

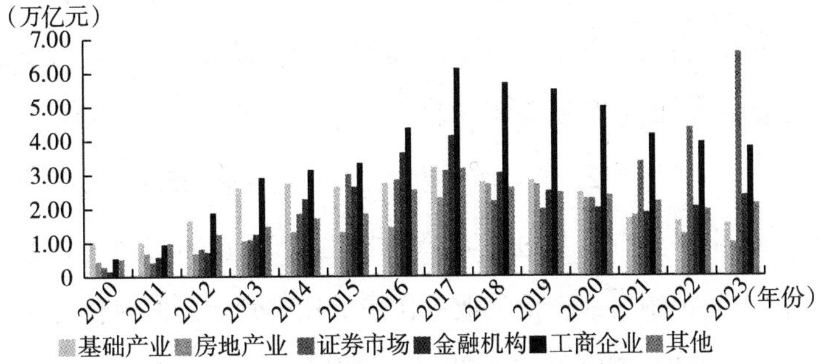

图 3 - 2　2010—2023 年信托公司信托资产的行业分布

资管新规实施以来，信托公司根据三分类新规的要求，大力发展标品信托，提升金融市场投资能力，投向证券市场、金融机构的规模和占比持续提升。信托公司作为机构投资者积极参与资本市场，主动把握金融市场投资机遇，培育专业化的资产管理能力，大力开拓资金管理信托业务。

2023 年资金信托总规模达到 17. 38 万亿元，较 2022 年同期增加 2. 24 万亿元，同比大幅增长 15. 59%。从资金信托投向结构来看，投向证券市场（含股票、基金、债券）规模合计为 6. 6 万亿元，同比增长 2. 25 万亿元，同比增速高达 51. 72%，占比则提升近 10 个百分点。2023 年信托资产投向金融机构的规模为 2. 37 万亿元，同比增长约 3575 亿元，同比快速增长 17. 76%，占比小幅提升约 0. 2 个百分点。

从证券投资信托的配置类型来看，2023 年组合投资占比为 71. 62%。总体来看，信托公司专业化的资产配置能力逐步增强。从证券投资信托的合作方式来看，私募基金（特别是私募债券基金）和银信合作是信托公司开展外部合作最重要的两类渠道，信托公司服务和融入大资管的合作生态获得进一步培育。

服务实体经济是金融供给侧结构性改革的核心要求，是信托业转型的重要方向。近年来，在监管引领下，信托业围绕国家战略，积极采取措施，稳步加大对实体经济的资金投入，着重引导资金进入工商企业和基础设施领域，积极支持国家重大战略实施，提高金融服务效率。

2023 年投向基础产业的信托规模为 1. 52 万亿元，与 2022 年相比，规模减小 763 亿元，同比减少 4. 99%。投向工商企业的信托规模为 3. 89 万亿元，与 2022 年第四季度末相比下降 1199 亿元，同比减少 3. 07%，占比下降约 4. 2 个百分点。从长远来看，信托业需要围绕“五篇大文章”，进一步强化对新质生产力相关产业的支持，在有效盘活存量和稳健促进增量的平衡中加大服务制造业的支持力度和服务模式创新。

房地产信托是信托业受宏观政策、行业监管和市场环境多重约束最明显的业务领域，近年来投向房地产的信托资金规模和占比持续下降。2023年投向房地产的资金信托规模为9738.61亿元，与2022年第四季度相比，规模下降2500亿元，同比下降20.43%，占比则下降2.53个百分点。与过往高峰期相比，信托投向房地产领域的资金规模和占比均大幅下降，表明传统房地产信托业务作为信托主营业态的时代已告终结。

通过分析相关数据，可以发现如下三个显著特征：第一，非标转标持续推进，证券市场增速最快。近年来，随着传统非标业务规模的持续萎缩，信托公司普遍重视加大标准化资产的投资力度。2023年，信托公司投向证券市场的规模大幅增长48.67%，平均达1258.70亿元，占比达32.60%，遥遥领先于其他投向占比，居投资首位。投向金融机构的规模为467.22亿元，居第3位。

第二，支持服务实体经济发展是信托公司的第一要务，近年来信托公司投向实业规模保持稳定。2023年，信托公司投向实业的平均规模为907.90亿元，较2022年上涨6.72%，仅次于证券市场，列信托资产投向领域第2位。

第三，投向房地产业的规模持续下降，投向基础产业的规模在2023年出现回升。近年来，部分房地产企业财务危机爆发，房地产信托业务风险加大，信托公司的房地产业务也受到较严格的额度管控。在此背景下，信托公司投向房地产领域的规模持续下降，2023年下降15.06%。在营业收入业绩压力下，部分公司将目标转向政信类业务，2023年信托公司投向基础产业的规模有所回升，增速为5.49%。

第三节　信托资产运用

行业资金运用方式多样化，多运用于交易性金融资产、发放贷款和垫款、债权投资等。2023年，信托公司坚持回归本源及转型要求，培育金融市场投资能力，行业资金运用方式呈现多样化。其中，信托资金运用于交易性金融资产增长显著，信托资产规模达11.98万亿元，同比增长42.55%，占比53.01%，占比同比增长9.74个百分点；发放贷款和垫款信托资产规模3.49万亿元，同比下降10.57%，占比15.45%，占比同比下降4.65个百分点；债权投资信托资产规模3.90万亿元，同比增长44.48%，占比17.24%，占比同比增长 3. 36 个百分点；下降较为显著的是持有到期投资，同比下降 72. 75%；其他权益工具投资的信托资产规模为 1. 19 万亿元，同比下降 50. 49%；可供出售金融资产规模为 2030. 68 亿元，同比下降 46. 76%（见表 3 – 2）。

表 3 – 2 不同资金运用方式信托资产规模

项目	2023 年（亿元）	2022 年（亿元）	同比增长（%）	2023 年占比（%）	2022 年占比（%）	2023 年增幅（个百分点）
货币资金	9993. 58	6893. 94	44. 96	4. 42	3. 55	0. 87
交易性金融资产	119842. 92	84068. 79	42. 55	53. 01	43. 27	9. 74
可供出售金融资产	2030. 68	3814. 40	– 46. 76	0. 90	1. 96	– 1. 06
发放贷款和垫款	34919. 78	39047. 27	– 10. 57	15. 45	20. 10	– 4. 65
债权投资	38972. 05	26973. 59	44. 48	17. 24	13. 88	3. 36
其他权益工具投资	929. 71	0	—	0. 41	0. 00	0. 41
长期股权投资	3824. 26	6148. 14	– 37. 80	1. 69	3. 16	– 1. 47
持有到期投资	925. 31	3395. 68	– 72. 75	0. 41	1. 75	– 1. 34
其他权益工具投资	11855. 47	23944. 84	– 50. 49	5. 24	12. 32	– 7. 08

为了更直观地观察转型期信托公司资产规模，以信托业务收入及净利润为基准，将 59 家信托公司分为四个梯队（见图 3 – 3）。

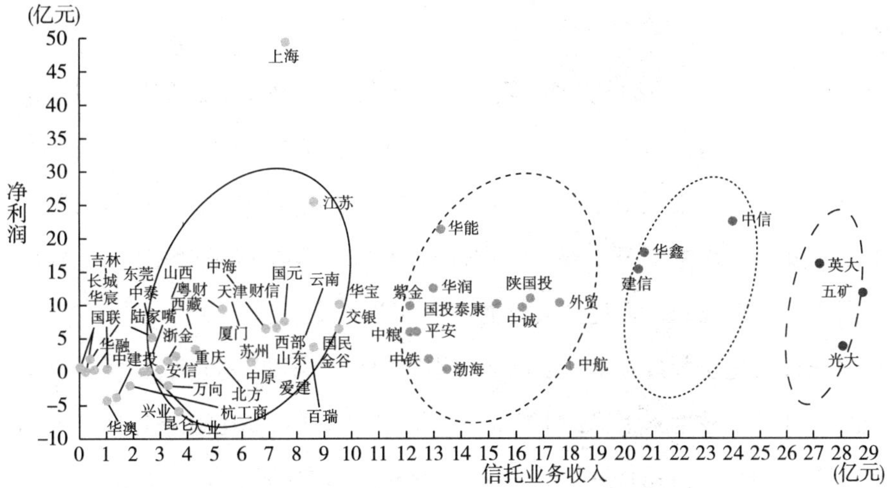

图 3 – 3 2023 年信托公司信托资产规模分布

第一梯队：信托业务收入≥25 亿元；

第二梯队：20 亿元≤信托业务收入 <25 亿元；

第三梯队：10 亿元≤信托业务收入 <20 亿元；

第四梯队:信托业务收入 <10 亿元。

如图 3 - 3 所示,第一梯队和第二梯队都有 3 家信托公司,第三梯队有 13 家信托公司,第四梯队有 40 家信托公司。2023 年,第一梯队、第二梯队和第三梯队信托公司营业收入分别为 82.13 亿元、95.52 亿元、241.23 亿元,同比分别下降 18.43%、17.89%、10.58%;第四梯队信托公司营业收入为 366.65 亿元,同比增长 16.21%。

分组来看,在资金运用占比较高的信托资产规模中,各梯队增长幅度有所不同。其中,交易性金融资产中,第三梯队信托公司同比增长 52.15%,其规模占交易性金融资产的比重也最高;第一梯队信托公司同比增长 87.76%,增长最快。资金运用于发放贷款和垫款方式中,第四梯队信托公司总规模最大,下降最为显著,同比下降 13.66%,第一梯队、第二梯队、第三梯队信托公司分别下降 14.24%、1.34%、10.21%。资金运用于债权投资中,第一梯队信托公司增长较快,同比增长 454.65%;第二梯队、第三梯队、第四梯队信托公司分别增长 3.57%、126.75%、3.69%。

在资金运用下降幅度较大的信托资产规模中,第三梯队和第四梯队信托公司同比下降幅度较大。其中,持有到期投资中,第三梯队信托公司同比下降 81.14%,第四梯队信托公司同比下降 68.98%;可供出售的金融资产中,第三梯队、第四梯队信托公司同比分别下降 66.05%、90.94%;其他权益工具投资中,第一梯队信托公司下降最为显著,同比下降 96.78%。

信托公司运用金融工具开展受托服务的主流方式已经从贷款信托向以交易性金融资产为代表的多元金融工具使用转化。2023 年第四季度末,资金信托用于交易性金融资产的规模达到 10.44 万亿元,较第三季度末增加 8372 亿元,环比增速为 8.72%,占比达到 60.1%,较第三季度末上升 1.69 个百分点;与 2022 年第四季度相比,规模增加 3.61 万亿元,同比增长 52.88%,占比则大幅上升 14.62 个百分点。

与此同时,信托贷款规模和占比持续下降,2023 年第四季度末,信托贷款规模降至 3.32 万亿元,比第三季度末下降约 100 亿元,占比 19.13%,环比微降 1.14 个百分点。与 2022 年第四季度相比,信托贷款规模减小 1539 亿元,同比降幅为 4.43%,占比下降约 4 个百分点。

除此之外,信托公司也在积极探索长期股权投资、债权投资、同业存放、买入返售等多样化的金融工具运用,资金信托运用方式更加灵活多样。

第四章 信托资产盈利能力分析

第一节 信托资产业务收入

一、信托资产业务收入的历史分析

截至2023年5月,共有59家信托公司披露了2023年信托资产业务收入相关数据。

年报数据显示,2023年信托行业信托资产平均业务收入为1331450万元,与2022年相比,增加了169383万元,增幅达14.58%。通过近5年的数据对比可以发现,2019年,信托行业信托资产平均业务收入增长速度最快,达36.48%,此后几年持续下行。其中,2020年维持正增长,但增速仅为4.96%;2021年和2022年连续两年同比大幅度下降,降幅分别达到16.08%和40.51%。2023年在2022年低基数效应的基础上恢复增长,增速达14.58%。同期,信托公司平均信托资产规模增长了16.50%,表明信托公司需要持续提升信托资产的创收能力。

2023年,信托资产业务收入增加的信托公司有33家,减少的有26家。行业最大值为6984752万元,高于2022年的5303670万元,但不及2019—2021年水平。同期,59家信托公司中,有2家信托资产业务收入为负,而2022年60家信托公司中有3家为负。如表4-1所示。

表4-1 2019—2023年信托公司信托资产营业收入统计分析

项目	2019年	2020年	2021年	2022年	2023年
平均值(万元)	2217505	2327407	1953229	1162067	1331450
平均值增长幅度(万元)	592674	109902	-374178	-791162	169383
平均值增长率(%)	36.48	4.96	-16.08	-40.51	14.58
公司数目(家)	66	62	61	60	59
最大值(万元)	11042094	10102450	7567838	5303670	6984752

续表

项目	2019 年	2020 年	2021 年	2022 年	2023 年
最小值(万元)	19438	7635	2221	-429008	-563831
标准差(万元)	2081975	2353359	1979414	1344071	1322952
变异系数	0.94	1.01	1.01	1.16	0.99

2018 年以前,从未出现过信托公司的信托资产业务收入为负值的情况。2018 年以后,部分信托公司信托资产业务收入开始出现负值。其中,2018 年有 4 家信托公司的信托资产业务收入为负值,2019—2021 年所有信托公司信托资产业务收入连续 3 年为正值,2022 年和 2023 年分别有 3 家和 2 家为负值。信托资产业务收入出现负值主要是缘于外部环境对投资收入、公允价值变动损益和汇兑损益产生的影响。

2015—2018 年,单个信托公司信托资产业务收入最大值分别为 7067050 万元、7552412 万元、7807201 万元和 7171351 万元。2019 年这一数值突破了千亿元,达到 11042094 万元,为近年来的最大值;2020 年这一数值仍维持在千亿元以上,但与 2019 年相比明显下行。此后 2021 年和 2022 年连续两年下降,分别降至 7567838 万元和 5303670 万元。2023 年,单个信托公司信托资产业务收入最大值回升至 6984752 万元,但在近 5 年的数据中也仅高于 2022 年的水平。

2017—2020 年,信托行业信托资产业务收入的变异系数呈波动趋势。2017 年该指标为 0.83,2018 年上升至 1.00,2019 年小幅下降至 0.94,2020 年再次上升至 1.01,2021 年与 2020 年持平,2022 年增长至 1.16, 2023 年再次回落到 0.99 的水平。由此可见,2023 年各信托公司的转型方向基本确定,信托资产创收的差异性有所缩小。

综合上述分析不难发现,信托公司信托资产平均业务收入近 10 年来波动较大。在经历了 2012—2014 年的高速增长后,2015 年以后迎来转折,2015 年这一指标大幅下行,2016 年更是出现了自 2012 年以来的首次下跌。2017 年,该指标出现了一定的反弹,同比增长 39.11%,与此同时变异系数进一步下降。2018 年再次回落,同比下降 21.24%,变异系数增至 1.00,表明 2018 年行业面临着严峻的发展环境。2019 年信托公司信托资产平均业务收入增长 36.48%,变异系数降至 0.94。2020 年,该指标维持增长态势,小幅增长 4.96%,变异系数增至 1.01。2021 年和 2022 年信托公司信托资产平均业务收入连续两年下降,分别下降 16.08% 和 40.51%,变异系数更是增至 2022 年的 1.16。这表明信托资产业务收入持续下降的同时,行业内各公司收入差异性也较大。2023 年这一情况有所改善,信托资产平均业务收入同比增长 14.58% 至 1331450 万元,变异系数为 0.99,表明随着三分类新规的发布,信托资产业务收入的差异性缩小。

二、信托资产业务收入的公司分析

从信托资产业务收入排名来看,2023 年,排名前 5 的公司分别是建信信托(6984752 万元)、华润信托(5344795 万元)、外贸信托(3589885 万元)、光大信托(3064827 万元)和五矿信托(2877446 万元)。

与 2022 年相比,前 5 名发生了一定的变化。其中,建信信托由 2022 年的第 2 名上升至第 1 名;华润信托由 2022 年的 -426908 万元增至 5344795 万元,排在第 2 位;外贸信托由 2022 年的 -1384305 万元增至 3589885 万元,排在第 3 位;光大信托由 2022 年的 5303670 万元下降至 3064827 万元,排在第 4 位;五矿信托由 2022 年的 4914691 万元下降至 2877446 万元,排在第 5 位。值得注意的是,2020 年信托资产业务收入超过 1000 亿元的信托公司有 2 家,2021—2023 年没有信托公司的信托资产业务收入超过 1000 亿元。

此外,2015 年仅有 1 家信托公司的信托资产业务收入不足 10 亿元,2016 年增至 2 家,2017 年重新减少至 1 家,2018 年再次增至 5 家,其中有 4 家出现了负值。2019 年和 2020 年,信托资产业务收入不足 10 亿元的信托公司均为 1 家,2021 年增加至 3 家,各信托公司的信托资产业务收入连续 3 年为正值。2022 年不足 10 亿元的信托公司增加至 8 家,其中有 3 家为负值。2023 年信托资产业务收入不足 10 亿元的信托公司降至 4 家,其中有 2 家为负值。

从信托资产业务收入的增幅来看,2023 年增幅排在前 5 位的分别是华润信托(负转正)、外贸信托(负转正)、兴业信托(322.90%)、陕国投(236.49%)和华宸信托(234.98%)。通过对该组数据的分析发现,2023 年信托资产业务收入排名和 2022 年相比发生了较大变化。一是头部信托公司华润信托和外贸信托的信托资产业务收入由负转正,分别由 2022 年的 -426908 万元和 -1384305 万元增长至 2023 年的 5344795 万元和 3589885 万元。二是一些排在中间位置和尾部位置的信托公司由于基数低,增速反而快一些,有“弯道超车”的迹象。比如,中部信托公司中,兴业信托从 2022 年的第 59 名上升至 2023 年的第 3 名,陕国投从 2022 年的第 57 名上升至 2023 年的第 4 名,华宸信托从 2022 年的第 10 名上升至 2023 年的第 5 名,建元信托(安信信托)从 2022 年的第 56 名上升至 2023 年的第 6 名,北方信托从 2022 年的第 53 名上升至 2023 年的第 7 名,吉林信托从 2022 年的第 54 名上升至 2023 年的第 8 名。三是部分中游的信托公司增速排名下滑。

例如,中原信托从2022年的第1名降至2023年的第36名,万向信托从2022年的第3名降至2023年的第48名,交银国信从2022年的第4名降至2023年的第49名,金谷信托从2022年的第5名降至2023年的第22名。

从2014—2023年各信托公司信托资产业务收入的稳定程度来看,最稳定的3家公司分别是国联信托(变异系数为0.18,年均值为408705万元)、建信信托(变异系数为0.22,年均值为1341516万元)以及交银国信(变异系数为0.22,年均值为804851万元)。波动最大的3家公司分别是陕国投(变异系数为1.06,年均值为1193977万元)、华宸信托(变异系数为0.96,年均值为36793万元)以及东莞信托(变异系数为0.82,年均值为312544万元)。

第二节 信托项目收益率

一、集合类信托项目收益率

2023年有56家信托公司披露了集合类信托项目加权平均实际收益率数据,较2022年减少3家。

2018年以来,信托公司集合类信托项目平均收益率在5%~8%波动,经历了2012年6.87%的最低值以后,2013—2015年该指标连续上升,在2015年达到近5年的最高值(9.70%);2016—2018年持续下降,分别为8.26%、7.30%、5.08%;2019—2021年连续3年回升并在2021年突破7%。2022年和2023年再次进入下行通道,分别为6.27%和5.76%。总体而言,该指标呈周期性波动,近两年随着非标向标品业务转型呈现出下行趋势。

就单个公司的集合类信托项目收益率而言,2016年有1家公司为负值,2017年全部为正值。2018年有6家公司为负值,为近年来最大值。2019年只有2家公司为负值,2020年进一步减少至1家。2021—2023年连续3年全部为正值。集合类信托项目收益率整体保持平稳。

从各信托公司在指标上的表现差异度来看,2019—2023年,变异系数均未超过0.50,最大值为2021年的0.43,最小值为2023年的0.24。这表明随着信托公司业务转型以及政策利率的持续走低,各信托公司集合类信托项目收益率的差异性收窄。详见表4-2。

表 4-2　2019—2023 年信托公司集合类信托项目平均收益率统计分析

项目	2019 年	2020 年	2021 年	2022 年	2023 年
平均值(%)	5.84	6.53	7.02	6.27	5.76
平均值增长幅度(个百分点)	0.76	0.69	0.49	-0.75	-0.51
披露公司数目(家)	65	60	59	59	56
收益率为负的公司数(家)	2	1	0	0	0
最大值(%)	9.92	14.36	23.33	12.30	8.88
最小值(%)	-5.22	-0.35	3.03	0.00	2.01
标准差(%)	2.36	2.14	3.01	1.99	1.37
变异系数	0.40	0.33	0.43	0.32	0.24

2023 年集合类信托项目收益率排在前 3 名的信托公司分别是财信信托(8.88%)、东莞信托(8.78%)和陕国投(8.04%)。上述 3 家信托公司集合类信托项目的收益率均高于 8%,其余信托公司均在 8% 以下。其中,收益率在 7% ~8% 的信托公司有 8 家,收益率在 6% ~7% 的信托公司有 11 家,收益率在 5% ~6% 的信托公司有 20 家,还有 14 家信托公司的收益率小于 5%。

与 2022 年相比,排在前 3 位的信托公司发生较大变化。其中,财信信托由 2022 年的第 47 名上升至 2023 年的第 1 名,东莞信托由 2022 年的第 9 名上升至 2023 年的第 2 名,陕国投由 2022 年的第 30 名上升至 2023 年的第 3 名。与此同时,厦门国信未单独发布集合信托收益率,粤财信托由 2022 年的第 2 名下降至 2023 年的第 22 名,华润信托由 2022 年的第 3 名下降至 2023 年的第 7 名。

从该指标的稳定程度来看,中建投信托、建信信托和浙金信托自 2014 年以来保持了稳定的收益率,年均分别实现了 7.64%、6.68% 和 7.63% 的集合类信托项目收益率,变异系数在 0.1 左右,处于行业领先水平。

二、单一类信托项目收益率

2016 年以前,单一类信托项目收益率维持在 7% 以上的水平,但从 2017 年开始,该指标降至 7% 以下并趋于平稳。如表 4-3 所示,2019 年该指标为 6.58%,2020 年下降至 5.86%,2021 年增长至 6.37%,增幅为 0.51 个百分点,但仍未超过 7%。2022 年,该指标上升至 7.31%,增幅为 0.94 个百分点。2023 年,该指标回落至 6.45%;最大值为 51.64%,从 2022 年的高位出现回落;最小值为 0,同样不及 2022 年的 3.13%。这表明信托行业单一类信托项目收益率在 2023 年整体出现了下滑。此外,2023 年所有信托公司该指标均为正值。

从变异系数来看，2017—2018 年，单一类信托项目平均收益率变异系数维持在 0.20 ~0.24，2019 年该指标大幅增至 0.56，这可能是 2019 年监管政策变化的结果。2020 年该指标下降至 0.17，为近年来的最小值。2021 年、2022 年，该指标回升，并在 2022 年首次突破 1.00，达到 1.48。2023 年该指标虽然较 2022 年回落，但仍在 1.00 以上。

表 4-3　2019—2023 年信托公司单一类信托项目平均收益率统计分析

项目	2019 年	2020 年	2021 年	2022 年	2023 年
平均值(%)	6.58	5.86	6.37	7.31	6.45
平均值增长幅度(个百分点)	0.65	-0.72	0.51	0.94	-0.86
披露公司数目(家)	66	60	59	59	56
最大值(%)	33.55	8.56	32.98	87.92	51.64
最小值(%)	1.65	3.26	2.58	3.13	0
标准差(%)	3.70	1.02	3.80	10.84	6.83
变异系数	0.56	0.17	0.60	1.48	1.06

2023 年单一类信托项目收益率前 3 名分别是中泰信托(51.64%)、浙金信托(22.30%)和万向信托(13.01%)。通过对比可以发现，2023 年单一类信托项目收益率排名前 3 的信托公司和 2022 年相比变化不大。比如，中泰信托保持在第 1 名的位置，万向信托保持在第 3 名的位置；浙金信托由 2022 年的第 10 名上升至 2023 年的第 2 名，而工商信托由 2022 年的第 2 名下降至 2023 年的第 10 名。

从该指标历年的稳定程度来看，交银国信自 2014 年以来保持了稳定的收益率，单一类信托项目的平均收益率为 5.53%，变异系数为 0.05。另外，渤海信托与山东国信的单一类信托项目平均收益率也比较稳定，分别为 6.89% 和 6.23%，变异系数分别为 0.05 和 0.11。

第三节　新增信托项目

2023 年有 58 家信托公司披露了新增信托项目数据，比 2022 年多 1 家。

一、新增信托项目规模

2023 年，信托公司平均新增信托项目规模为 18027758 万元，比 2022 年增加 16.06%。值得注意的是，近 5 年来平均新增信托项目规模波动较大，2019 年、2021 年和

2023 年呈现增长趋势,2020 年和 2022 年呈现下降趋势。此外,2023 年,在披露相关数据的 58 家信托公司中,有 52 家信托公司新增信托项目规模超过百亿元,新增信托项目不足百亿元的信托公司数量与 2022 年持平。2023 年,有 33 家信托公司新增信托项目规模实现同比增长,有 25 家同比下降。

从各信托公司新增信托规模的差异化程度来看,2019 年以来,各信托公司新增信托项目平均规模的变异系数均在 1.00 及以上,2021 年更是达到 1.28 的高位,2022 年、2023 年分别为 1.25 和 1.24,表明各信托公司新增信托项目规模分化较大。具体数据如表 4 – 4所示。

表 4 – 4　2019—2023 年新增信托项目规模统计分析

项目	2019 年	2020 年	2021 年	2022 年	2023 年
平均值(万元)	12343322	11876628	16565243	15532641	18027758
平均值增长幅度(万元)	435071	–466694	4688615	–1032602	2495152
平均值增长率(%)	3.65	–3.78	39.48	–6.23	16.06
公司数目(家)	66	60	61	57	58
最大值(万元)	52281448	55287377	94487264	92951389	109005411
最小值(万元)	130	500	500	50000	376
标准差(万元)	12690511	11917057	21138106	19433476	22290462
变异系数	1.03	1.00	1.28	1.25	1.24

2023 年,新增信托项目规模排在前 3 位的分别是华润信托(109005411 万元)、中信信托(87773684 万元)和外贸信托(79269664 万元)。新增信托项目规模前 3 名变化不大。其中,华润信托和中信信托连续两年分别排在第 1 名和第 2 名,外贸信托由 2022 年的第 4 名上升至 2023 年的第 3 名。

从该指标历年的稳定程度来看,苏州信托自 2014 年新增信托项目规模保持稳定,每年平均新增信托规模为 4934103 万元,变异系数为 0.24。另外,山东信托与万向信托平均新增信托规模也比较稳定,变异系数分别为 0.31 和 0.32。

二、新增信托项目数量

2023 年,信托公司平均新增信托项目数量为 927 个,比 2022 年增加 220 个。过去 5 年,新增信托项目数量一直处于增长态势。2019 年新增信托项目同比增加 47 个,增幅达 17.54%;2020 年新增信托项目同比增加 81 个,增幅达 25.66%;2021 年新增信托项目同比增加 236 个,增幅达 59.66%;2022 年新增信托项目同比增加 75 个,增幅达 11.87%;

2023 年新增信托项目同比增加 220 个,增幅达 31.12%。其中,有 49 家信托公司新增信托项目数量实现同比增加,有 9 家同比减少。

各信托公司新增信托项目数量分化依然明显。2019 年以来,各信托公司新增信托项目平均规模的变异系数持续增加,2019 年为 1.03,2020 年升至 1.57,2021 年升至 1.75,2022 年达到 1.89,2023 年降至 1.68。具体数据如表 4-5 所示。

表 4-5　2019—2023 年新增信托项目数量统计分析

项目	2019 年	2020 年	2021 年	2022 年	2023 年
平均值(个)	313	396	632	707	927
平均值增长幅度(个)	47	81	236	75	220
平均值增长率(%)	17.54	25.66	59.66	11.87	31.12
公司数目(家)	66	60	61	57	58
最大值(个)	1480	3753	6268	8985	9954
最小值(个)	1	1	1	1	7
标准差(个)	326	621	1108	1333	1558
变异系数	1.03	1.57	1.75	1.89	1.68

2023 年,新增信托项目数量排在前 3 位的分别是平安信托(项目数 9954 个)、五矿信托(项目数 4106 个)和外贸信托(项目数 3505 个)。其中,平安信托连续两年排第 1 名,五矿信托由 2022 年的第 3 名上升至 2023 年的第 2 名,外贸信托由 2022 年的第 2 名下降至 2023 年的第 3 名。

从该指标历年的稳定程度来看,山东信托自 2014 年新增信托项目数量保持稳定,每年平均新增信托数量 80 个,变异系数为 0.17。另外,重庆信托与国通信托平均新增信托数量也比较稳定,变异系数分别为 0.23 和 0.25。

三、新增集合类项目比例

新增信托项目分为集合类项目和单一类项目。2019—2023 年全行业新增集合类信托项目比例如表 4-6 所示。2019 年新增集合类信托项目规模占比平均值为 50.32%,2020 年降至 48.47%,2021 年回升至 54.00%,2022 年下降至 53.58%,2023 年再次回升至 54.53%,为近 5 年来新高。总体来看,集合信托规模占比波动性较大。

从变异系数来看,随着 2023 年新增集合类信托项目规模占比提升,其出现上升。2019 年变异系数为 0.55,2020 年上升至 0.57,2021 年回落至 0.47,2022 年上升至 0.49,2023 年进一步上升至 0.52。

表 4－6 2019—2023 年全行业新增集合类信托项目比例统计分析

项目	2019 年	2020 年	2021 年	2022 年	2023 年
平均值(%)	50.32	48.47	54.00	53.58	54.53
平均值增长幅度(个百分点)	6.46	－1.85	5.53	－0.42	0.95
最大值(%)	100.00	97.54	97.40	99.93	98.11
最小值(%)	0.00	0.00	0.00	0.00	0.00
标准差(%)	27.55	27.71	25.38	26.28	28.43
变异系数	0.55	0.57	0.47	0.49	0.52

2023 年，新增集合类信托项目规模占比排名前 3 的信托公司分别为中海信托(98.11%)、苏州信托(94.58%)和爱建信托(92.99%)。该指标与 2022 年相比发生了一定的变化。其中，中海信托由 2022 年的第 9 名上升至 2023 年的第 1 名，苏州信托由 2022 年的第 3 名上升至 2023 年的第 2 名，爱建信托由 2022 年的第 4 名上升至 2023 年的第 2 名。同时，华澳信托未发布集合信托、单一信托细分数据，民生信托因被接管未发布年报。

四、新增主动管理型项目比例

随着风险处置等服务信托规模的大幅上升，2023 年新增信托项目中主动管理类项目比例平均值下降至 56.68%，为近 5 年最低。2019 年新增主动管理型项目规模比例平均值为 57.45%。2020 年、2021 年连续两年上升，分别为 60.04% 和 61.59%。2022—2023 年伴随着信托公司转型深化，以及各家信托公司差异化发展，主动管理类项目平均占比连续两年出现下降。

从变异系数来看，2019 年新增主动管理型项目比例的变异系数为 0.45，2020 年进一步增加至 0.46，2021 年下降至 0.40，2022 年上升至 0.44，2023 年进一步增至 0.53。这表明各信托公司新增主动管理类项目占比差异较大。具体数据如表 4－7 所示。

表 4－7 2019—2023 年新增主动管理型项目比例统计分析

项目	2019 年	2020 年	2021 年	2022 年	2023 年
平均值(%)	57.45	60.04	61.59	60.20	56.68
平均值增长幅度(个百分点)	16.42	2.59	1.55	－1.39	－3.52
最大值(%)	100.00	100.00	98.54	99.93	98.33
最小值(%)	0.00	0.00	0.00	0.00	0.00
标准差(%)	25.92	27.66	24.34	26.23	29.82
变异系数	0.45	0.46	0.40	0.44	0.53

第五章　自营资产分布与运用分析

第一节 自营资产规模

从本书掌握的2023年年报披露情况来看,有59家信托公司公布了自营资产规模相关数据。

2023年,信托行业自营资产规模有所下降,平均每家信托公司自营资产规模为1363789万元,比2022年上升20219万元。自2004年以来,信托公司的自营资产规模增长率在2007年最高,达到34.94%;在2005年下跌幅度最大,下跌了22028万元,下跌14.53%。

自营资产缩减的公司数目的最大值出现在2005年,达到27家,2007年降到9家,2008年升到25家,2009年降到7家,2010年没有变化,2012年继续减少为3家,2016年这一数据有所上升,达到8家,2017年有13家,2019年与2018年持平,维持在17家,2020年下降至13家,2021年为14家,2022年为18家,2023年为21家。

2023年信托行业中自营资产规模最大的公司为中信信托,其2023年自营资产为3817748万元。

从各年信托公司之间的自营资产规模差异来看,2004年变异系数为0.76,2007年上升到最大值1.12,接下来的3年稳定在1.06~1.08。2017年,变异系数降到0.66,2018年持续下降至0.59,而2019年升至0.66,说明各公司的自营资产规模的差异性扩大。2013年信托公司自营净资产的变异系数为0.80,2015年与2014年持平,为0.79,2016年下降至0.68,2017年继续下降至0.65,2018年保持了下降态势,降至0.64,2019年出现小幅上升,升至0.67,2020年与2021年持平,维持在0.71,2022年上升至0.72,2023年小幅缩减至0.70。自营总资产与自营净资产的相关描述性统计见表5-1至表5-7。

表5-1 2019—2023年信托公司自营资产规模统计分析

项目	2019年	2020年	2021年	2022年	2023年
平均值(万元)	1135763	1254457	1344859	1343570	1363789
平均值增长额(万元)	77883	118694	90402	-1289	20219
平均值增长率(%)	7.36	10.45	7.21	-0.10	1.50
公司数目(家)	65	62	61	60	59
自营资产缩减的公司数(家)	17	13	14	18	21
最大值(万元)	3205376	3490287	3649897	3880561	3817748
最小值(万元)	153672	101459	114805	119724	119904
标准差(万元)	744183	843035	869513	913648	909294
变异系数	0.66	0.67	0.65	0.68	0.67

表5-2 2019—2023年信托公司自营净资产规模统计分析

项目	2019年	2020年	2021年	2022年	2023年
平均值(万元)	934940	1018532	1086748	1124956	1169205
平均值增长额(万元)	91712	83592	68216	38208	44249
平均值增长率(%)	9.81	8.94	6.70	3.52	3.93
自营净资产缩减的公司数(家)	4	4	10	13	10
最大值(万元)	2968253	3045124	3205474	3374662	3478185
最小值(万元)	106950	94176	32228	22841	100843
标准差(万元)	630323	725114	766176	804624	817828
变异系数	0.67	0.71	0.71	0.72	0.70

表5-3 信托公司自营资产总额序列(2023年)

单位:万元

序号	公司简称	2023年	2022年	2021年
1	中信信托	3817748	3880561	3649897
2	华润信托	3312429	3227355	3208504
3	平安信托	3176301	3422122	3229051
4	江苏国信	3051889	2971812	2786920
5	华能贵诚	2995995	2957586	2850761
6	五矿信托	2844727	2703320	2697533
7	重庆国信	2835000	2993924	3146733
8	建信信托	2832162	3022310	2689371
9	上海信托	2583287	2069024	2036953
10	中诚信托	2339328	2196791	2171028
11	光大兴陇	2070833	2293932	2161745
12	建元信托(安信信托)	2068303	1487115	1478728

续表

序号	公司简称	2023 年	2022 年	2021 年
13	外贸信托	2066758	2034506	2081676
14	陕国投	2041877	1958359	1557713
15	中航信托	2039794	2023849	1821010
16	兴业信托	1907384	1939281	2268871
17	华鑫信托	1895160	1661551	1489258
18	交银国信	1706928	1812935	1527502
19	渤海信托	1596545	1578401	1601447
20	陆家嘴信托	1543944	1539669	1374397
21	昆仑信托	1494914	1556083	1587864
22	英大信托	1429811	1323255	1178992
23	中铁信托	1418987	1494694	1544241
24	财信信托	1322998	1222872	1015284
25	国投泰康	1294867	1312881	1100376
26	山东国信	1202743	1290425	1314161
27	紫金信托	1195900	927709	844485
28	百瑞信托	1190886	1166870	1135456
29	华宝信托	1188346	1135708	1060543
30	爱建信托	1119628	1122937	1056037
31	国元信托	1100998	1016574	未披露
32	国通信托	1100852	916244	1031962
33	天津信托	1090324	1060050	1007617
34	中原信托	1083559	977736	1027758
35	粤财信托	1064231	1077118	1182617
36	中建投信托	866444	905443	1244965
37	西藏信托	858528	631882	579192
38	厦门国信	827926	686342	692259
39	中粮信托	792066	814112	793400
40	吉林信托	765016	未披露	未披露
41	国联信托	758753	712229	677778
42	东莞信托	750564	761628	756562
43	苏州信托	711815	696655	654889
44	北方国信	691861	667090	649526
45	金谷信托	682670	597196	482676
46	中海信托	639578	564443	554371
47	西部信托	574998	564520	635703

续表

序号	公司简称	2023年	2022年	2021年
48	云南国信	536797	525843	485047
49	中泰信托	515702	499734	498394
50	工商信托	487283	512597	569290
51	国民信托	474448	443151	385659
52	浙金信托	462954	454442	451513
53	华澳信托	403452	422567	560138
54	华融国信	379952	386216	1346078
55	万向信托	373952	485138	481842
56	大业信托	347961	346072	343737
57	山西信托	273132	268185	312821
58	华宸信托	142615	126302	114805
59	长城新盛	119904	119907	129225
60	中融信托	未披露	2443943	2427086
61	北京国信	未披露	未披露	1748043
62	长安国信	未披露	未披露	936994
63	民生信托	未披露	1171662	1016594
64	华信信托	未披露	未披露	未披露
65	雪松信托	未披露	未披露	未披露
66	新时代信托	未披露	未披露	未披露
67	四川信托	未披露	未披露	未披露

表5-4　信托公司自营资产总额增长序列(2023年)

单位:万元

序号	公司简称	2023年	2022年	2021年
1	建元信托(安信信托)	581188	8387	-292454
2	上海信托	514263	32071	-351762
3	紫金信托	268191	83224	322259
4	华鑫信托	233609	172293	386582
5	西藏信托	226646	52689	43964
6	国通信托	184608	-115718	19811
7	中诚信托	142537	25762	32782
8	厦门国信	141584	-5917	-69150
9	五矿信托	141406	5787	195278
10	英大信托	106556	104503	70285
11	中原信托	105823	-50022	35407
12	财信信托	100126	41566	77113

续表

序号	公司简称	2023 年	2022 年	2021 年
13	金谷信托	85474	114520	6500
14	华润信托	85074	18852	557174
15	国元信托	84424	未披露	未披露
16	陕国投	83518	400646	129876
17	江苏国信	80077	184892	-20505
18	中海信托	75135	10072	-149009
19	华宝信托	52638	75165	51996
20	国联信托	46524	34451	74742
21	华能贵诚	38409	106825	105137
22	外贸信托	32252	-47170	141273
23	国民信托	31297	57658	38198
24	天津信托	30274	52433	110633
25	北方国信	24771	17565	59060
26	百瑞信托	24016	31414	84322
27	渤海信托	18144	-23046	55864
28	华宸信托	16313	11497	13346
29	中泰信托	15968	1340	5337
30	中航信托	15945	42383	174930
31	苏州信托	15160	41766	60417
32	云南国信	10954	40796	65936
33	西部信托	10478	-71183	-45680
34	浙金信托	8512	2929	182197
35	山西信托	4948	-44637	64946
36	陆家嘴信托	4275	165272	429607
37	大业信托	1888	2335	63410
38	长城新盛	-4	-8739	-1442
39	爱建信托	-3309	3254	-2361
40	华融国信	-6264	-959862	-98043
41	东莞信托	-11064	5066	136105
42	粤财信托	-12887	-105499	331059
43	国投泰康	-18014	212505	88888
44	华澳信托	-19115	-137571	29286
45	中粮信托	-22046	20711	299560
46	工商信托	-25314	-56693	16937
47	兴业信托	-31898	-329590	140808

续表

序号	公司简称	2023年	2022年	2021年
48	中建投信托	-38999	-339522	31354
49	昆仑信托	-61170	-106713	135249
50	中信信托	-62813	230663	159610
51	中铁信托	-75707	-49547	-71572
52	山东国信	-87682	-23736	333705
53	交银国信	-106007	66196	89382
54	万向信托	-111187	3296	94961
55	重庆国信	-158923	-152809	195410
56	建信信托	-190149	332939	134681
57	光大兴陇	-223099	132187	353596
58	平安信托	-245821	193071	-213409
59	北京国信	未披露	未披露	296307
60	吉林信托	未披露	未披露	未披露
61	中融信托	未披露	16856	180855
62	长安国信	未披露	未披露	-179450
63	民生信托	未披露	155068	-315893
64	四川信托	未披露	未披露	未披露
65	新时代信托	未披露	未披露	未披露
66	雪松信托	未披露	未披露	未披露
67	华信信托	未披露	未披露	未披露

表5-5 信托公司自营净资产序列(2023年)

单位:万元

序号	公司简称	2023年	2022年	2021年
1	中信信托	3478185	3374662	3205474
2	华润信托	2846618	2796254	2725412
3	华能贵诚	2770522	2655939	2549722
4	重庆国信	2716350	2677487	2658041
5	平安信托	2605656	2630343	2731979
6	江苏国信	2599498	2565700	2418377
7	建信信托	2555639	2437821	2256083
8	上海信托	2419434	1925657	1822087
9	五矿信托	2364298	2351804	2315988
10	中诚信托	2034839	1937060	1829308
11	外贸信托	1911220	1888047	1978950
12	中航信托	1814081	1802126	1737577

续表

序号	公司简称	2023 年	2022 年	2021 年
13	兴业信托	1769615	1828211	1843224
14	陕国投	1708899	1621771	1225215
15	光大兴陇	1696514	1659735	1543376
16	华鑫信托	1625954	1448566	1321238
17	交银国信	1569216	1508556	1427683
18	昆仑信托	1353788	1353525	1370154
19	渤海信托	1335157	1331966	1327723
20	建元信托（安信信托）	1316708	22841	32229
21	英大信托	1265462	1164814	1104651
22	陆家嘴信托	1263132	1239428	1156419
23	国投泰康	1179237	1102938	1009837
24	百瑞信托	1172165	1145569	1105943
25	华宝信托	1124043	1077490	974061
26	山东国信	1109348	1093008	1065122
27	中铁信托	1093541	1082401	1032712
28	粤财信托	1035637	1002466	957795
29	中原信托	1020804	857533	855378
30	国元信托	1015547	951269	未披露
31	紫金信托	911498	834976	764621
32	国通信托	832615	778086	719341
33	西藏信托	822634	580264	538580
34	爱建信托	794296	766186	828336
35	中建投信托	792917	831622	908019
36	天津信托	778879	721009	676865
37	中粮信托	753178	704598	687379
38	国联信托	718737	674886	633656
39	东莞信托	689411	683835	582362
40	厦门国信	680130	625950	581143
41	苏州信托	639298	645085	598980
42	中海信托	581207	517315	462441
43	北方国信	572116	548950	520756
44	西部信托	540471	526344	542689
45	金谷信托	466666	436323	425908
46	工商信托	456883	477382	499274
47	中泰信托	449853	487902	480344

续表

序号	公司简称	2023 年	2022 年	2021 年
48	云南国信	446527	408482	372763
49	浙金信托	444049	432576	417077
50	财信信托	438000	688905	719068
51	国民信托	401316	363026	330507
52	华澳信托	348491	391462	488195
53	华融国信	344869	363006	352877
54	吉林信托	328640	未披露	未披露
55	大业信托	320594	317038	313620
56	万向信托	237798	414046	381334
57	山西信托	193000	190971	189086
58	华宸信托	127063	122037	110704
59	长城新盛	100843	100207	100473
60	中融信托	未披露	2083661	1930818
61	北京国信	未披露	未披露	1099104
62	长安国信	未披露	未披露	809854
63	民生信托	未披露	246272	643694
64	华信信托	未披露	未披露	未披露
65	雪松信托	未披露	未披露	未披露
66	新时代信托	未披露	未披露	未披露
67	四川信托	未披露	未披露	未披露

表 5－6　信托公司自营净资产增长序列(2023 年)　　单位:万元

序号	公司简称	2023 年	2022 年	2021 年
1	建元信托(安信信托)	1293867	－9388	－64359
2	上海信托	493777	103571	－270861
3	西藏信托	242370	41683	42974
4	华鑫信托	177388	127328	409172
5	中原信托	163271	2155	－50351
6	建信信托	117817	181738	191007
7	华能贵诚	114583	106217	247853
8	中信信托	103523	169188	160351
9	英大信托	100648	60162	124244
10	中诚信托	97779	107752	－15466
11	陕国投	87128	396557	45710
12	紫金信托	76522	70355	313587

续表

序号	公司简称	2023 年	2022 年	2021 年
13	国投泰康	76299	93101	98560
14	国元信托	64278	未披露	未披露
15	中海信托	63892	54874	-166970
16	交银国信	60659	80874	106976
17	天津信托	57870	44144	54594
18	国通信托	54529	58745	69149
19	厦门国信	54180	44807	30204
20	华润信托	50363	70842	241268
21	中粮信托	48580	17219	219201
22	华宝信托	46553	103429	35547
23	国联信托	43851	41230	78551
24	重庆国信	38863	19446	20409
25	国民信托	38289	32519	27136
26	云南国信	38045	35720	38555
27	光大兴陇	36779	116359	76618
28	江苏国信	33798	147324	187664
29	粤财信托	33171	44671	137728
30	金谷信托	30343	10415	10423
31	爱建信托	28110	-62151	-2467
32	百瑞信托	26596	39626	82566
33	陆家嘴信托	23704	83009	488623
34	外贸信托	23173	-90903	80607
35	北方国信	23166	28194	20542
36	山东国信	16340	27886	47622
37	西部信托	14127	-16345	-22282
38	五矿信托	12494	35816	69202
39	中航信托	11955	64549	345412
40	浙金信托	11474	15498	188876
41	中铁信托	11140	49689	51545
42	东莞信托	5577	101473	3769
43	华宸信托	5027	11333	16527
44	大业信托	3556	3417	67170
45	渤海信托	3191	4243	5257
46	山西信托	2029	1884	1309
47	长城新盛	635	-265	-4312

续表

序号	公司简称	2023年	2022年	2021年
48	昆仑信托	263	-16629	-28445
49	苏州信托	-5788	46105	57470
50	华融国信	-18137	10129	48714
51	工商信托	-20499	-21892	27243
52	平安信托	-24688	-101636	98279
53	中泰信托	-38049	7558	8124
54	中建投信托	-38705	-76397	23881
55	华澳信托	-42971	-96734	32614
56	兴业信托	-58596	-15013	60243
57	万向信托	-176248	32712	70019
58	财信信托	-250905	-30164	7566
59	吉林信托	未披露	未披露	未披露
60	北京国信	未披露	未披露	108318
61	长安国信	未披露	未披露	28484
62	中融信托	未披露	152843	24676
63	民生信托	未披露	-397422	-350381
64	四川信托	未披露	未披露	未披露
65	新时代信托	未披露	未披露	未披露
66	雪松信托	未披露	未披露	未披露
67	华信信托	未披露	未披露	未披露

表5-7　信托公司自营净资产增幅序列（2023年）　（%）

序号	公司简称	2023年	2022年	2021年
1	建元信托（安信信托）	5664.67	-29.13	-66.63
2	西藏信托	41.77	7.74	8.67
3	上海信托	25.64	5.68	-12.94
4	中原信托	19.04	0.25	-5.56
5	中海信托	12.35	11.87	-26.53
6	华鑫信托	12.25	9.64	44.86
7	国民信托	10.55	9.84	8.94
8	云南国信	9.31	9.58	11.54
9	紫金信托	9.16	9.20	69.53
10	厦门国信	8.66	7.71	5.48
11	英大信托	8.64	5.45	12.67
12	天津信托	8.03	6.52	8.77

续表

序号	公司简称	2023 年	2022 年	2021 年
13	国通信托	7.01	8.17	10.64
14	金谷信托	6.95	2.45	2.51
15	国投泰康	6.92	9.22	10.82
16	中粮信托	6.89	2.50	46.82
17	国元信托	6.76	未披露	未披露
18	国联信托	6.50	6.51	14.15
19	陕国投	5.37	32.37	3.88
20	中诚信托	5.05	5.89	-0.84
21	建信信托	4.83	8.06	9.25
22	华宝信托	4.32	10.62	3.79
23	华能贵诚	4.31	4.17	10.77
24	北方国信	4.22	5.41	4.11
25	华宸信托	4.12	10.24	17.55
26	交银国信	4.02	5.66	8.10
27	爱建信托	3.67	-7.50	-0.30
28	粤财信托	3.31	4.66	16.79
29	中信信托	3.07	5.28	5.27
30	西部信托	2.68	-3.01	-3.94
31	浙金信托	2.65	3.72	82.77
32	百瑞信托	2.32	3.58	8.07
33	光大兴陇	2.22	7.54	5.22
34	陆家嘴信托	1.91	7.18	73.17
35	华润信托	1.80	2.60	9.71
36	山东国信	1.49	2.62	4.68
37	重庆国信	1.45	0.73	0.77
38	江苏国信	1.32	6.09	8.41
39	外贸信托	1.23	-4.59	4.25
40	大业信托	1.12	1.09	27.26
41	山西信托	1.06	1.00	0.70
42	中铁信托	1.03	4.81	5.25
43	东莞信托	0.82	17.42	0.65
44	中航信托	0.66	3.71	24.81
45	长城新盛	0.63	-0.26	-4.11
46	五矿信托	0.53	1.55	3.08
47	渤海信托	0.24	0.32	0.40

续表

序号	公司简称	2023年	2022年	2021年
48	昆仑信托	0.02	-1.21	-2.03
49	苏州信托	-0.90	7.70	10.61
50	平安信托	-0.94	-3.72	3.73
51	兴业信托	-3.21	-0.81	3.38
52	工商信托	-4.29	-4.38	5.77
53	中建投信托	-4.65	-8.41	2.70
54	华融国信	-5.00	2.87	16.02
55	中泰信托	-7.80	1.57	1.72
56	华澳信托	-10.98	-19.81	7.16
57	财信信托	-36.42	-4.19	1.06
58	万向信托	-42.57	8.58	22.49
59	吉林信托	未披露	未披露	未披露
60	北京国信	未披露	未披露	10.93
61	长安国信	未披露	未披露	3.65
62	中融信托	未披露	7.92	1.29
63	民生信托	未披露	-61.74	-35.25
64	四川信托	未披露	未披露	未披露
65	新时代信托	未披露	未披露	未披露
66	雪松信托	未披露	未披露	未披露
67	华信信托	未披露	未披露	未披露

自2004年以来，自营资产负债率全行业平均值连续10年基本呈逐年下降趋势，2012年达到11.45%，2013年达到11.35%，2014年降至11.21%。从2015年开始，信托行业的自营财务杠杆又开始逐年上升，2015年信托公司平均自营资产负债率为18.00%，2016年该指标上升至19.51%，2017年进一步上升至20.38%，2018年与2017年基本持平，为20.29%，2019年下降至17.17%，2020年上升至18.78%，2021年小幅上升至18.93%，2022年下降至15.67%，2023年继续下降至13.95%。

全行业最高资产负债率在2012年已经下降至33.70%，2013年有所上升，达到45.97%，2014年下降至40.83%，2015年回升至47.62%，2016年又上升至58.58%，2017年为55.72%，2018年为45.66%，2019年为55.83%，2020年建元信托（安信信托）资产负债率达到94.55%，创历史新高，2021年继续提高至97.82%，2022年再提高至98.46%，2023年则大幅下降至57.04%。

从全行业自营资产负债率分布的离散程度来看，变异系数自2008年以来逐年下降，

2013 年上升至 0.82,2014 年下降至 0.74,2015 年下降至 0.57,2016 年为 0.58,2017 年下降至 0.55,2018 年保持了下降态势,为 0.49,2019 年上升至 0.60,2020 年上升至 1.17,2021 年缩减至 0.83,2022 年上升至 1.01,2023 年下降至 0.73。自营资产负债率指标的描述性统计见表 5-8。

表 5-8 2019—2023 年信托公司自营资产负债率统计分析

项目	2019 年	2020 年	2021 年	2022 年	2023 年
平均值(%)	17.17	18.78	18.93	15.67	13.95
平均值增长(个百分点)	-3.12	1.61	0.15	3.26	-1.72
公司数目(家)	65	63	61	60	56
最大值(%)	55.83	94.55	97.82	98.46	57.04
最小值(%)	0.70	2.17	2.60	1.83	1.57
标准差(%)	10.32	16.09	18.93	15.89	10.12
变异系数	0.60	1.17	0.83	1.01	0.73

自营资产负债率排前 5 名的信托公司分别是吉林信托(57.04%)、万向信托(36.41%)、建元信托(安信信托)(36.34%)、财信信托(32.89%)和金谷信托(31.64%)。自营资产负债率排后 5 名的信托公司分别是百瑞信托(1.57%)、粤财信托(2.69%)、中航信托(3.92%)、浙金信托(4.08%)以及西藏信托(4.18%)。详见表 5-9。

表 5-9 信托公司自营资产负债率序列(2023 年) (%)

序号	公司简称	2023 年	2022 年	2021 年
1	吉林信托	57.04	未披露	未披露
2	万向信托	36.41	14.65	20.86
3	建元信托(安信信托)	36.34	98.46	97.82
4	财信信托	32.89	34.82	29.18
5	金谷信托	31.64	26.94	11.76
6	山西信托	29.34	28.79	39.55
7	天津信托	28.56	31.98	32.83
8	国通信托	24.37	15.08	30.29
9	紫金信托	23.78	10.00	9.46
10	爱建信托	23.33	27.67	21.56
11	中铁信托	22.94	27.58	33.12
12	陆家嘴信托	18.19	19.50	15.86
13	光大兴陇	18.08	27.65	28.61

续表

序号	公司简称	2023年	2022年	2021年
14	平安信托	17.97	23.14	15.39
15	厦门国信	17.85	8.80	16.05
16	北方国信	17.31	17.71	19.83
17	五矿信托	16.89	13.00	14.14
18	云南国际	16.82	22.32	23.15
19	渤海信托	16.37	15.61	17.09
20	陕国投	16.31	17.19	21.35
21	山东国信	16.27	24.40	44.12
22	华融国信	16.15	6.01	73.78
23	长城新盛	15.80	16.30	21.79
24	国民信托	15.41	18.11	14.30
25	江苏国信	14.82	13.67	13.22
26	华鑫信托	14.20	12.82	11.28
27	华润信托	14.06	13.36	15.06
28	华澳信托	13.62	7.36	12.84
29	中诚信托	13.02	11.82	15.74
30	中泰信托	12.77	2.37	3.62
31	华宸信托	10.90	3.38	3.57
32	建信信托	9.76	19.34	16.11
33	英大信托	9.14	9.25	6.31
34	中海信托	9.13	8.35	16.58
35	国投泰康	8.93	15.99	8.23
36	中信信托	8.89	13.04	12.18
37	昆仑信托	8.83	8.62	13.71
38	中建投信托	8.49	8.15	27.06
39	东莞信托	8.15	10.21	23.03
40	大业信托	7.87	8.39	8.76
41	苏州信托	7.81	7.40	8.54
42	国元信托	7.76	6.42	未披露
43	华能贵诚	7.53	10.20	10.56
44	外贸信托	7.53	7.20	4.93
45	兴业信托	7.22	5.73	18.76
46	上海信托	6.34	6.93	10.55
47	工商信托	6.24	6.87	12.30
48	西部信托	6.00	6.76	14.63

续表

序号	公司简称	2023 年	2022 年	2021 年
49	中原信托	5. 79	12. 29	16. 77
50	华宝信托	5. 40	5. 13	8. 15
51	国联信托	5. 27	5. 24	6. 51
52	交银国信	5. 15	5. 34	6. 53
53	中粮信托	4. 91	13. 45	13. 36
54	重庆国信	4. 19	10. 57	15. 53
55	西藏信托	4. 18	8. 17	7. 01
56	浙金信托	4. 08	4. 81	7. 63
57	中航信托	3. 92	3. 29	4. 58
58	粤财信托	2. 69	6. 93	19. 01
59	百瑞信托	1. 57	1. 83	2. 60
60	北京国信	未披露	未披露	37. 12
61	民生信托	未披露	78. 98	36. 68
62	中融信托	未披露	14. 74	20. 45
63	长安国信	未披露	未披露	13. 57
64	新时代信托	未披露	未披露	未披露
65	雪松信托	未披露	未披露	未披露
66	四川信托	未披露	未披露	未披露
67	华信信托	未披露	未披露	未披露

信托公司自营资产负债率增长序列见表 5 - 10。

表 5 - 10　信托公司自营资产负债率增长序列（2023 年）　（个百分点）

序号	公司简称	2023 年	2022 年	2021 年
1	万向信托	21. 76	- 6. 20	1. 33
2	紫金信托	13. 79	0. 54	- 4. 18
3	中泰信托	10. 40	- 1. 25	- 0. 60
4	华融国信	10. 14	- 67. 78	- 5. 15
5	国通信托	9. 29	- 15. 22	- 5. 47
6	厦门国信	9. 05	- 7. 25	- 11. 59
7	华宸信托	7. 53	- 0. 20	- 3. 61
8	华澳信托	6. 26	- 5. 48	- 1. 34
9	金谷信托	4. 70	15. 18	- 0. 98
10	五矿信托	3. 89	- 1. 14	3. 93
11	兴业信托	1. 50	- 13. 03	2. 54
12	华鑫信托	1. 39	1. 54	- 6. 00

续表

序号	公司简称	2023年	2022年	2021年
13	国元信托	1.34	未披露	未披露
14	中诚信托	1.19	-3.92	2.02
15	江苏国信	1.16	0.44	-7.32
16	中海信托	0.78	-8.23	6.07
17	渤海信托	0.76	-1.48	2.66
18	华润信托	0.70	-1.70	8.75
19	中航信托	0.63	-1.29	-10.84
20	山西信托	0.55	-10.76	15.31
21	苏州信托	0.41	-1.13	-0.37
22	中建投信托	0.33	-18.91	-0.08
23	外贸信托	0.33	2.26	2.77
24	华宝信托	0.27	-3.03	1.21
25	昆仑信托	0.21	-5.09	9.99
26	国联信托	0.03	-1.27	-1.44
27	英大信托	-0.10	2.94	-5.27
28	交银国信	-0.19	-1.19	-1.63
29	百瑞信托	-0.25	-0.77	-0.04
30	北方国信	-0.40	-2.12	4.54
31	长城新盛	-0.50	-5.49	2.45
32	大业信托	-0.52	-0.37	-3.32
33	上海信托	-0.59	-3.62	-1.83
34	工商信托	-0.63	-5.43	-2.24
35	浙金信托	-0.73	-2.81	-7.64
36	西部信托	-0.76	-7.87	-2.45
37	陕国投	-0.88	-4.16	3.95
38	陆家嘴信托	-1.31	3.64	-13.46
39	财信信托	-1.93	5.64	5.01
40	东莞信托	-2.07	-12.81	16.28
41	华能贵诚	-2.67	-0.36	-5.60
42	国民信托	-2.67	3.81	1.61
43	天津信托	-3.42	-0.84	2.20
44	西藏信托	-3.99	1.16	-0.39
45	中信信托	-4.14	0.86	-0.58
46	粤财信托	-4.24	-12.08	15.31
47	爱建信托	-4.34	6.11	0.06

续表

序号	公司简称	2023 年	2022 年	2021 年
48	中铁信托	-4.65	-5.54	-6.15
49	平安信托	-5.17	7.74	-8.10
50	云南国信	-5.50	-0.83	2.89
51	重庆国信	-6.38	-4.96	4.90
52	中原信托	-6.50	-4.48	8.04
53	国投泰康	-7.06	7.76	-1.68
54	山东国信	-8.13	-19.72	-6.68
55	中粮信托	-8.54	0.09	8.17
56	光大兴陇	-9.57	-0.96	9.72
57	建信信托	-9.58	3.23	-3.05
58	建元信托(安信信托)	-62.13	0.64	3.27
59	吉林信托	未披露	未披露	未披露
60	民生信托	未披露	42.30	11.28
61	北京国信	未披露	未披露	5.37
62	中融信托	未披露	-5.71	5.31
63	长安国信	未披露	未披露	-16.44
64	四川信托	未披露	未披露	未披露
65	华信信托	未披露	未披露	未披露
66	雪松信托	未披露	未披露	未披露
67	新时代信托	未披露	未披露	未披露

从自营资产规模排名来看,2023 年,自营资产规模排名前 5 的信托公司分别为中信信托(3817748 万元)、华润信托(3312429 万元)、平安信托(3176301 万元)、江苏国信(3051889 万元)和华能贵诚(2995995 万元)。

2013 年自营资产规模达到 20 亿元以上的公司有 52 家,2014 年增至 56 家,2015 年增至 63 家,2016 年达到 65 家,2017 年维持在 65 家,2018 年达到 66 家,2019 年降至 63 家,2020 年降至 60 家,2021 年降至 59 家,2022 年为 58 家,2023 年为 57 家。

另外, 2008—2010 年平安信托是唯一一家自营资产规模超过 100 亿元的信托公司,2011 年中诚信托和华润信托的自营资产规模也超过 100 亿元,2012 年中信信托自营资产规模也破百亿元,2014 年平安信托和中信信托资产总额均超过 200 亿元。至 2020 年,资产总额超过 200 亿元的公司已达 13 家,2021 年增长至 14 家,2022 年维持在 14 家,2023 年达到 15 家。

从自营资产规模增幅来看,2023 年,自营资产规模增幅排名前 5 的信托公司分别为建元信托(安信信托)(39.08%)、西藏信托(35.87%)、紫金信托(28.91%)、上海信托(24.86%)和厦门国信(20.63%)。

第二节　自营资产分布

一、自营资产分布的行业分析

从本书掌握的2023年年报披露情况来看,有59家信托公司公布了自营资产的行业分布情况。

信托公司的自营资产可以分为基础产业资产、房地产业资产、证券业资产、实业资产和金融机构等五大行业类别以及其他行业资产类别。2019—2023年信托公司自营资产的行业分布如图5-1所示。

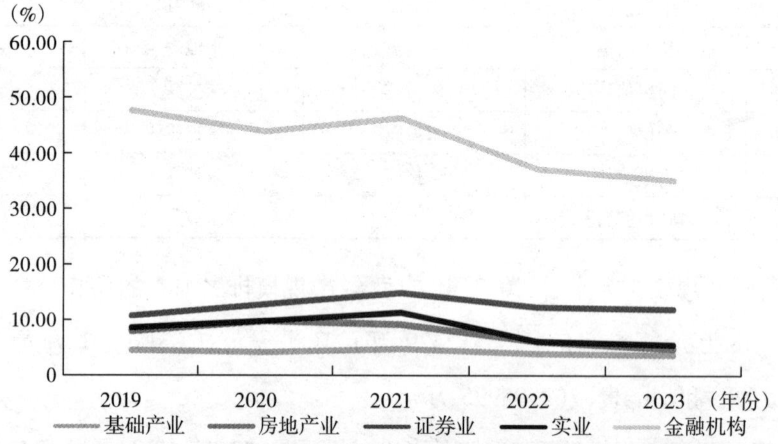

图5-1　2019—2023年信托公司自营资产的行业分布

基础产业资产比例在2016年小幅回升至3.08%,2017年达到5.41%,2018年又小幅回落至4.19%,2019年继续下降至2.66%,2020年回升至3.99%,2021年继续上升至4.58%,2022年下降至3.68%,2023年上升至8.20%。

房地产业资产比例变化相对平缓,2016年缓慢回升至6.29%,2017年达到8.02%,2018年大幅回升至11.06%,2019年大幅回落至6.16%,2020年回升至9.63%,2021年小幅下降至9.03%,2022年下降至6.01%,2023年上升至10.50%。

证券业资产比例在2016年及2017年都出现了小幅下降,2016年为14.44%,

2017 年下降至 13.85%，2018 年继续下降至 10.82%，2019 年下降至 9.92%，2020 年上升至 12.70%，2021 年继续上升至 14.72%，2022 年下降至 12.13%，2023 年上升至 16.69%。

2016 年自营资产在实业的分布比例有所上升，上升至 7.41%，2017 年持续上升到 10.92%，2018 年小幅下降至 10.66%，2019 年大幅下降至 7.73%，2020 年回升至 9.66%，2021 年继续上升至 11.25%，2022 年大幅下降至 5.99%，2023 年上升至 9.79%。

自 2009 年以来，可以获得的金融机构资产数据显示，在自营资产中，金融机构资产比例一直是各种资产中最高的。2014 年该比例为 23.30%，2015 年大幅增加至 45.37%，2016 年继续上升到 48.91%，2017 年更是达到了 50%，2018 年则小幅下降至 47.10%，2019 年小幅上升至 48.24%，2020 年下降至 43.92%，2021 年上升至 46.38%，2022 年下降至 37.13%，2023 年上升至 44.11%。

表 5－11 总结了 2019—2023 年信托公司自营资产的行业分布描述性统计。

表 5－11　2019—2023 年信托公司自营资产行业分布统计分析

项目		2019 年	2020 年	2021 年	2022 年	2023 年
披露公司数目(家)		49	58	58	59	29
基础产业资产	平均规模(万元)	34444	196597	59326	56157	54956
	平均占比(%)	2.66	3.99	4.58	3.68	8.20
	该值为 0 的公司数(家)	35	11	7	3	5
	占比最大值(%)	21.44	25.74	30.23	35.68	39.89
	占比最小值(%)	0	0	0	0	0
	占比标准差(%)	5.01	6.41	6.54	7.73	10.77
	变异系数	1.89	1.61	1.43	2.10	1.31
房地产业资产	平均规模(万元)	77140	141872	178616	97584	72206
	平均占比(%)	6.16	9.63	9.03	6.01	10.50
	该值为 0 的公司数(家)	32	4	11	1	5
	占比最大值(%)	47.30	58.10	34.48	44.87	46.44
	占比最小值(%)	0	0	0	0	0
	占比标准差(%)	10.42	12.67	9.67	10.98	12.39
	变异系数	1.69	1.32	1.07	1.83	1.18

续表

项目		2019年	2020年	2021年	2022年	2023年
证券业资产	平均规模(万元)	109529	174462	259150	193918	185491
	平均占比(%)	9.92	12.70	14.72	12.13	16.69
	该值为0的公司数(家)	8	2	0	0	1
	占比最大值(%)	58.92	52.88	47.09	76.75	76.37
	占比最小值(%)	0	0	0.01	0.04	0
	占比标准差(%)	12.99	13.19	10.79	15.24	16.80
	变异系数	1.31	1.04	0.73	1.26	1.01
实业资产	平均规模(万元)	91563	103549	172876	75508	71533
	平均占比(%)	7.73	9.66	11.25	5.99	9.79
	该值为0的公司数(家)	27	12	5	2	4
	占比最大值(%)	79.25	55.49	75.86	71.52	72.51
	占比最小值(%)	0	0	0	0	0
	占比标准差(%)	17.03	13.30	16.72	11.71	13.32
	变异系数	2.20	1.38	1.49	1.96	1.36
金融机构	平均规模(万元)	560221	687781	676551	505930	478988
	平均占比(%)	48.24	43.92	46.38	37.13	44.11
	该值为0的公司数(家)	0	1	1	1	2
	占比最大值(%)	97.92	98.76	89.72	98.61	98.80
	占比最小值(%)	1.18	1.75	0	0	0
	占比标准差(%)	30.91	31.23	26.74	30.63	30.67
	变异系数	0.64	0.71	0.58	0.82	0.70

二、自营资产分布的公司分析

信托公司自营资产分布的公司分析如表5－12至表5－25所示。

表5－12 2023年各项自营资产比例排名前3的信托公司

项目	第1名	第2名	第3名
基础产业资产	陕国投 (39.89%)	陆家嘴信托 (30.59%)	国元信托 (28.56%)
房地产业资产	爱建信托 (46.44%)	万向信托 (35.86%)	兴业信托 (30.61%)
证券业资产	英大信托 (76.37%)	国民信托 (51.16%)	中信信托 (49.00%)

续表

项目	第 1 名	第 2 名	第 3 名
实业资产	渤海信托 （72.51%）	中航信托 （35.57%）	华澳信托 （24.93%）
金融机构	粤财信托 （98.80%）	五矿信托 （92.91%）	金谷信托 （90.15%）

注：括号中数值为该行业资产占比。

表 5-13 2023 年各项自营资产规模排名前 3 的信托公司

项目	第 1 名	第 2 名	第 3 名
基础产业资产	陕国投 （814436）	江苏国信 （596024）	陆家嘴信托 （472281）
房地产业资产	中诚信托 （674971）	兴业信托 （583933）	爱建信托 （520002）
证券业资产	中信信托 （1858820）	英大信托 （1091985）	华能贵诚 （1075472）
实业资产	渤海信托 （1157638）	中航信托 （725568）	平安信托 （467846）
金融机构	五矿信托 （2642991）	平安信托 （2462077）	江苏国信 （2195669）

注：括号中数值为该行业资产规模，单位：万元。

表 5-14 信托公司自营资产分布金融机构资产序列（2023 年） 单位：万元

序号	公司简称	2023 年	2022 年	2021 年
1	五矿信托	2642991	2415006	2122730
2	平安信托	2462077	2568157	2209419
3	江苏国信	2195669	1923222	1898293
4	上海信托	1909588	1575031	1447557
5	华能贵诚	1883911	1789075	1823542
6	重庆国信	1877726	2109848	1859201
7	华润信托	1868902	1797443	1815478
8	华鑫信托	1408735	955898	955757
9	粤财信托	1051413	1062194	1004718
10	中诚信托	996339	948642	913823
11	百瑞信托	930870	838831	703767
12	华宝信托	836137	809693	875487
13	中原信托	763363	746365	716831
14	西藏信托	746502	492500	382595

续表

序号	公司简称	2023 年	2022 年	2021 年
15	中信信托	724923	874580	1119162
16	紫金信托	692128	543142	696684
17	建信信托	677018	781396	654718
18	中航信托	671307	477912	582180
19	天津信托	659813	655384	671692
20	中建投信托	633558	652311	935482
21	金谷信托	615447	226722	137739
22	国元信托	535110	556956	未披露
23	中粮信托	530951	658815	557894
24	西部信托	482508	459614	542321
25	厦门国信	434066	308828	271350
26	国通信托	431140	598273	521639
27	国联信托	412460	385636	369255
28	陕国投	371027	468022	未披露
29	苏州信托	370599	380403	423391
30	浙金信托	347634	318793	353971
31	财信信托	330570	330061	未披露
32	华融国信	315138	323253	1207789
33	工商信托	289541	267408	394712
34	吉林信托	272816	未披露	未披露
35	外贸信托	265035	115521	114870
36	昆仑信托	262084	193596	152218
37	中海信托	261973	267520	171411
38	中铁信托	255826	213279	496926
39	中泰信托	249101	235851	224196
40	大业信托	231691	246252	279163
41	兴业信托	192859	136966	132444
42	渤海信托	125330	225492	168520
43	北方国信	124244	819074	230570
44	长城新盛	107134	105762	105378
45	爱建信托	72415	98686	151239
46	陆家嘴信托	65097	23269	354086
47	山西信托	52395	49498	48879
48	万向信托	43521	71852	105463
49	华宸信托	43398	36404	56948

续表

序号	公司简称	2023 年	2022 年	2021 年
50	国民信托	42000	197570	155682
51	东莞信托	27950	45707	49179
52	交银国信	20000	32000	32000
53	光大信托	13338	668520	728087
54	国投信托	11100	11100	11100
55	英大信托	0	0	781493
56	华澳信托	0	0	0
57	民生信托	未披露	133126	2708797
58	中融信托	未披露	1176785	951917
59	北京国信	未披露	未披露	641148
60	长安国信	未披露	未披露	189412
61	华信信托	未披露	未披露	未披露
62	建元信托（安信信托）	未披露	未披露	未披露
63	雪松国信	未披露	未披露	未披露
64	云南国信	未披露	未披露	未披露
65	新时代信托	未披露	未披露	未披露
66	山东国信	未披露	未披露	未披露
67	四川信托	未披露	未披露	未披露

表 5－15 信托公司自营资产分布金融机构占比序列（2023 年） （%）

序号	公司简称	2023 年	2022 年	2021 年
1	粤财信托	98.80	98.61	84.96
2	五矿信托	92.91	89.33	78.69
3	金谷信托	90.15	37.96	28.54
4	长城新盛	89.35	88.20	81.55
5	西藏信托	86.95	77.94	66.06
6	西部信托	83.91	81.42	85.31
7	华融国信	82.97	83.70	89.72
8	百瑞信托	78.17	71.89	61.98
9	平安信托	77.51	75.05	68.42
10	浙金信托	75.09	70.15	78.40
11	华鑫信托	74.33	57.53	64.18
12	上海信托	73.92	76.12	71.06
13	中建投信托	73.12	72.04	75.14
14	江苏国信	71.94	64.71	68.11

续表

序号	公司简称	2023年	2022年	2021年
15	中原信托	70.45	76.34	69.75
16	中粮信托	67.03	80.92	70.32
17	大业信托	66.59	71.16	81.21
18	重庆国信	66.23	70.47	59.08
19	华能贵诚	62.88	60.50	63.97
20	天津信托	60.52	61.83	66.66
21	工商信托	59.42	52.17	69.33
22	紫金信托	57.87	58.55	82.50
23	华润信托	56.42	55.69	56.58
24	国联信托	54.36	54.14	54.47
25	厦门国信	52.43	45.00	39.20
26	苏州信托	52.06	54.60	62.97
27	国元信托	48.60	54.79	未披露
28	中泰信托	48.30	47.20	44.98
29	中诚信托	42.59	43.18	42.09
30	中海信托	40.96	47.40	30.92
31	吉林信托	35.66	未披露	未披露
32	中航信托	32.91	23.61	29.64
33	华宸信托	30.43	28.82	49.60
34	财信信托	24.99	26.99	未披露
35	建信信托	23.90	25.85	24.34
36	山西信托	19.18	18.46	15.63
37	中信信托	19.00	23.00	31.00
38	陕国投	18.17	23.90	未披露
39	中铁信托	18.03	14.27	32.18
40	北方国信	17.92	27.53	35.42
41	昆仑信托	17.53	12.44	9.59
42	外贸信托	12.82	5.68	5.52
43	万向信托	11.64	14.81	21.89
44	兴业信托	10.11	7.06	5.84
45	国民信托	8.86	44.59	40.37
46	渤海信托	7.85	14.29	10.52
47	爱建信托	6.47	8.79	13.94
48	陆家嘴信托	4.22	1.52	25.76
49	东莞信托	3.72	6.00	6.50

续表

序号	公司简称	2023 年	2022 年	2021 年
50	交银国信	1.17	1.77	1.86
51	国投信托	0.86	0.84	1.01
52	光大信托	0.64	29.14	33.68
53	英大信托	0.00	0.00	66.28
54	华澳信托	0.00	未披露	0.00
55	华宝信托	未披露	71.29	82.55
56	国通信托	未披露	65.30	50.55
57	北京国信	未披露	未披露	35.79
58	中融信托	未披露	38.69	29.10
59	民生信托	未披露	11.36	22.19
60	长安国信	未披露	未披露	20.22
61	华信信托	未披露	未披露	未披露
62	安信信托	未披露	未披露	未披露
63	雪松国信	未披露	未披露	未披露
64	云南国信	未披露	未披露	未披露
65	新时代信托	未披露	未披露	未披露
66	四川信托	未披露	未披露	未披露
67	山东国信	未披露	未披露	未披露

表 5-16 信托公司自营资产分布金融机构增加序列(2023 年) 单位:万元

序号	公司简称	2023 年	2022 年	2021 年
1	华鑫信托	452837	141	123985
2	金谷信托	388725	88983	-272127
3	上海信托	334557	127474	-55479
4	江苏国信	272448	24929	-766553
5	西藏信托	254003	109904	14706
6	五矿信托	227985	292277	-169784
7	中航信托	193394	-104267	250067
8	外贸信托	149514	650	8826
9	紫金信托	148986	-153543	275918
10	厦门国信	125238	37478	157582
11	华能贵诚	94836	-34467	-267579
12	百瑞信托	92039	135063	588058
13	华润信托	71460	-18036	163307
14	昆仑信托	68488	41377	39247

续表

序号	公司简称	2023年	2022年	2021年
15	兴业信托	55893	4521	19050
16	中诚信托	47698	34819	-31638
17	中铁信托	42547	-283647	-207672
18	陆家嘴信托	41828	-330817	327621
19	浙金信托	28841	-35178	199139
20	国联信托	26824	16381	369249
21	西部信托	22894	-82707	311205
22	工商信托	22133	-127304	-21569
23	中原信托	16998	29534	-79477
24	中泰信托	13250	11655	8538
25	华宸信托	6994	-20544	442
26	天津信托	4429	-16308	57288
27	山西信托	2897	619	-3477
28	长城新盛	1371	384	-12489
29	财信信托	509	未披露	未披露
30	英大信托	0	-781493	93324
31	国投信托	0	0	-59732
32	吉林信托	0	未披露	未披露
33	中海信托	-5547	96108	-260554
34	华融国信	-8115	-884536	未披露
35	苏州信托	-9804	-42988	35826
36	粤财信托	-10781	57476	163672
37	交银国信	-12000	0	0
38	大业信托	-14561	-32911	50158
39	东莞信托	-17757	-3472	1897
40	中建投信托	-18753	-283170	56251
41	国元信托	-21846	未披露	未披露
42	爱建信托	-26271	-52554	-34452
43	万向信托	-28331	-33611	-1047058
44	北方国信	-64830	588504	36077
45	陕国投	-96994	未披露	未披露
46	渤海信托	-100162	56972	-515434
47	建信信托	-104378	126678	-37289
48	平安信托	-106080	358739	-3455225
49	中粮信托	-127863	100921	282424

续表

序号	公司简称	2023 年	2022 年	2021 年
50	中信信托	-149657	-244582	648537
51	国民信托	-155570	41889	-128217
52	重庆国信	-232121	250647	-542027
53	光大信托	-655182	-59567	-36543
54	民生信托	未披露	-2575671	2616208
55	中融信托	未披露	224868	70628
56	北京国信	未披露	未披露	216527
57	华宝信托	未披露	-65794	-62398
58	长安国信	未披露	未披露	-90868
59	国通信托	未披露	76634	-495044
60	华澳信托	未披露	未披露	未披露
61	华信信托	未披露	未披露	未披露
62	雪松国信	未披露	未披露	未披露
63	云南国信	未披露	未披露	未披露
64	新时代信托	未披露	未披露	未披露
65	四川信托	未披露	未披露	未披露
66	建元信托(安信信托)	未披露	未披露	未披露
67	山东国信	未披露	未披露	未披露

表 5-17　信托公司自营资产分布基础产业资产序列(2023 年)　单位:万元

序号	公司简称	2023 年	2022 年	2021 年
1	陕国投	814436	698756	未披露
2	江苏国信	596024	853709	19181
3	陆家嘴信托	472281	457911	254205
4	财信信托	374515	129021	未披露
5	国元信托	314454	242123	未披露
6	建信信托	282801	262802	170465
7	中信信托	213704	162272	146885
8	外贸信托	185758	160583	127645
9	交银国信	115851	93693	180680
10	华鑫信托	111041	261530	75833
11	爱建信托	103477	103415	111425
12	天津信托	93793	31918	29526
13	中航信托	89357	44152	36665
14	中海信托	39393	74197	167600

续表

序号	公司简称	2023 年	2022 年	2021 年
15	万向信托	34581	36726	54560
16	昆仑信托	26341	26341	40906
17	兴业信托	25367	97268	64346
18	中诚信托	25165	25638	52269
19	华宸信托	11513	5097	3594
20	北方国信	6500	6412	56924
21	国民信托	5091	29468	34397
22	华澳信托	4544	4544	4000
23	渤海信托	2965	3426	3599
24	中建投信托	1665	1665	1665
25	英大信托	0	0	0
26	工商信托	0	0	0
27	中铁信托	0	未披露	0
28	国投信托	0	未披露	未披露
29	中泰信托	0	未披露	未披露
30	民生信托	未披露	45934	335368
31	厦门国信	未披露	9750	9750
32	国通信托	未披露	未披露	4000
33	中融信托	未披露	500	500
34	北京国信	未披露	未披露	0
35	紫金信托	未披露	0	0
36	云南国信	未披露	未披露	0
37	华宝信托	未披露	未披露	0
38	平安信托	未披露	未披露	未披露
39	国联信托	未披露	未披露	未披露
40	五矿信托	未披露	未披露	未披露
41	西部信托	未披露	未披露	未披露
42	中粮信托	未披露	未披露	未披露
43	长城新盛	未披露	未披露	未披露
44	浙金信托	未披露	未披露	未披露
45	华信信托	未披露	未披露	未披露
46	建元信托(安信信托)	未披露	未披露	未披露
47	新时代信托	未披露	未披露	未披露
48	山东国信	未披露	未披露	未披露
49	华润信托	未披露	未披露	未披露

续表

序号	公司简称	2023 年	2022 年	2021 年
50	雪松国信	未披露	未披露	未披露
51	重庆国信	未披露	未披露	未披露
52	华能贵诚	未披露	未披露	未披露
53	金谷信托	未披露	112101	未披露
54	大业信托	未披露	未披露	未披露
55	百瑞信托	未披露	未披露	未披露
56	长安国信	未披露	未披露	未披露
57	上海信托	未披露	未披露	未披露
58	吉林信托	未披露	未披露	未披露
59	东莞信托	未披露	未披露	未披露
60	西藏信托	未披露	未披露	未披露
61	山西信托	未披露	未披露	未披露
62	光大信托	未披露	未披露	未披露
63	苏州信托	未披露	未披露	未披露
64	华融国信	未披露	未披露	未披露
65	粤财信托	未披露	未披露	未披露
66	中原信托	未披露	未披露	未披露
67	四川信托	未披露	未披露	未披露

表 5-18　信托公司自营资产分布基础产业资产占比序列（2023 年）　（%）

序号	公司简称	2023 年	2022 年	2021 年
1	陕国投	39.89	35.68	未披露
2	陆家嘴信托	30.59	29.74	18.50
3	国元信托	28.56	23.82	未披露
4	财信信托	28.31	10.55	未披露
5	江苏国信	19.53	28.72	0.69
6	建信信托	9.99	8.70	6.34
7	万向信托	9.25	7.57	11.32
8	爱建信托	9.24	9.26	10.47
9	外贸信托	8.99	7.89	6.13
10	天津信托	8.60	3.01	2.93
11	华宸信托	8.07	4.04	3.13
12	交银国信	6.79	5.17	10.48
13	中海信托	6.16	13.15	30.23
14	中信信托	6.00	4.00	4.00

续表

序号	公司简称	2023年	2022年	2021年
15	华鑫信托	5.86	15.74	5.09
16	中航信托	4.38	2.18	1.87
17	昆仑信托	1.76	1.69	2.58
18	兴业信托	1.33	5.02	2.84
19	华澳信托	1.13	1.08	0.71
20	中诚信托	1.08	1.17	2.42
21	国民信托	1.07	6.65	8.92
22	北方国信	0.94	0.97	8.77
23	渤海信托	0.19	0.22	0.22
24	中建投信托	0.19	0.18	0.13
25	英大信托	0.00	0.00	0.00
26	工商信托	0.00	0.00	0.00
27	中铁信托	0.00	未披露	0.00
28	国投信托	0.00	未披露	未披露
29	中泰信托	0.00	未披露	未披露
30	民生信托	未披露	3.92	2.75
31	厦门国信	未披露	1.42	1.41
32	中融信托	未披露	0.02	0.02
33	北京国信	未披露	未披露	0.00
34	紫金信托	未披露	0.00	0.00
35	云南国信	未披露	未披露	0.00
36	华宝信托	未披露	未披露	0.00
37	国通信托	未披露	未披露	未披露
38	国联信托	未披露	未披露	未披露
39	五矿信托	未披露	未披露	未披露
40	平安信托	未披露	未披露	未披露
41	西部信托	未披露	未披露	未披露
42	中粮信托	未披露	未披露	未披露
43	长城新盛	未披露	未披露	未披露
44	浙金信托	未披露	未披露	未披露
45	华信信托	未披露	未披露	未披露
46	建元信托(安信信托)	未披露	未披露	未披露
47	新时代信托	未披露	未披露	未披露
48	山东国信	未披露	未披露	未披露
49	华润信托	未披露	未披露	未披露

续表

序号	公司简称	2023 年	2022 年	2021 年
50	雪松国信	未披露	未披露	未披露
51	重庆国信	未披露	未披露	未披露
52	华能贵诚	未披露	未披露	未披露
53	金谷信托	未披露	18.78	未披露
54	大业信托	未披露	未披露	未披露
55	百瑞信托	未披露	未披露	未披露
56	长安国信	未披露	未披露	未披露
57	上海信托	未披露	未披露	未披露
58	吉林信托	未披露	未披露	未披露
59	东莞信托	未披露	未披露	未披露
60	西藏信托	未披露	未披露	未披露
61	山西信托	未披露	未披露	未披露
62	光大信托	未披露	未披露	未披露
63	苏州信托	未披露	未披露	未披露
64	华融国信	未披露	未披露	未披露
65	粤财信托	未披露	未披露	未披露
66	中原信托	未披露	未披露	未披露
67	四川信托	未披露	未披露	未披露

表 5－19　信托公司自营资产分布房地产业资产序列（2023 年）　单位：万元

序号	公司简称	2023 年	2022 年	2021 年
1	中诚信托	674971	733161	730848
2	兴业信托	583933	648016	437787
3	爱建信托	520002	485119	243959
4	交银国信	408135	569207	454320
5	中信信托	405830	477359	283467
6	重庆国信	388764	412238	367705
7	华润信托	335994	574156	856902
8	陕国投	329962	346657	未披露
9	昆仑信托	287880	287881	399152
10	江苏国信	203291	157411	204479
11	平安信托	183572	358739	501083
12	万向信托	134104	217669	166147
13	华鑫信托	71559	80754	100037
14	中原信托	68659	21499	22933

续表

序号	公司简称	2023 年	2022 年	2021 年
15	国元信托	46530	46611	未披露
16	中航信托	45749	332266	245214
17	财信信托	41146	54933	未披露
18	华宸信托	37011	11096	10856
19	工商信托	30158	33413	24333
20	国民信托	28516	38824	15042
21	陆家嘴信托	27767	33310	0
22	中建投信托	24824	22106	50003
23	北方国信	20359	20728	30598
24	天津信托	10249	12819	16085
25	国联信托	1050	1050	2756
26	英大信托	0	4	0
27	中铁信托	0	80754	0
28	国投信托	0	未披露	未披露
29	中泰信托	0	未披露	未披露
30	民生信托	未披露	2372	1118492
31	外贸信托	未披露	398	158208
32	粤财信托	未披露	未披露	147705
33	北京国信	未披露	未披露	80125
34	百瑞信托	未披露	40135	72134
35	金谷信托	未披露	208301	61091
36	苏州信托	未披露	53119	54792
37	长安国信	未披露	未披露	41460
38	紫金信托	未披露	0	25000
39	厦门国信	未披露	19500	15210
40	建信信托	未披露	50346	14603
41	中融信托	未披露	203674	13319
42	渤海信托	未披露	未披露	100
43	华宝信托	未披露	60	65
44	云南国信	未披露	未披露	0
45	国通信托	未披露	未披露	未披露
46	五矿信托	未披露	未披露	未披露
47	西部信托	未披露	未披露	未披露
48	中粮信托	未披露	未披露	未披露
49	长城新盛	未披露	未披露	未披露

续表

序号	公司简称	2023 年	2022 年	2021 年
50	浙金信托	未披露	未披露	未披露
51	华信信托	未披露	未披露	未披露
52	建元信托(安信信托)	未披露	未披露	未披露
53	新时代信托	未披露	未披露	未披露
54	山东国信	未披露	未披露	未披露
55	雪松国信	未披露	未披露	未披露
56	华能贵诚	未披露	未披露	未披露
57	华澳信托	未披露	未披露	未披露
58	吉林信托	未披露	未披露	未披露
59	大业信托	未披露	未披露	未披露
60	光大信托	未披露	未披露	未披露
61	上海信托	未披露	未披露	未披露
62	中海信托	未披露	未披露	未披露
63	东莞信托	未披露	未披露	未披露
64	西藏信托	未披露	未披露	未披露
65	山西信托	未披露	未披露	未披露
66	华融国信	未披露	未披露	未披露
67	四川信托	未披露	未披露	未披露

表 5－20 信托公司自营资产分布房地产业资产占比序列(2023 年) (%)

序号	公司简称	2023 年	2022 年	2021 年
1	爱建信托	46.44	43.20	22.48
2	万向信托	35.86	44.87	34.48
3	兴业信托	30.61	33.42	19.30
4	中诚信托	28.85	33.37	33.66
5	华宸信托	25.95	8.78	9.46
6	交银国信	23.91	31.40	26.35
7	昆仑信托	19.26	18.50	25.14
8	陕国投	16.16	17.70	未披露
9	重庆国信	13.71	13.77	11.69
10	中信信托	11.00	12.00	8.00
11	华润信托	10.14	17.79	26.71
12	江苏国信	6.66	5.30	7.34
13	中原信托	6.34	2.20	2.23
14	工商信托	6.19	6.52	4.27

续表

序号	公司简称	2023年	2022年	2021年
15	国民信托	6.01	8.76	3.90
16	平安信托	5.78	10.48	15.52
17	国元信托	4.23	4.58	未披露
18	华鑫信托	3.78	4.86	6.72
19	财信信托	3.11	4.49	未披露
20	北方国信	2.94	3.14	4.72
21	中建投信托	2.87	2.44	4.02
22	中航信托	2.24	16.42	12.89
23	陆家嘴信托	1.80	2.16	0.00
24	天津信托	0.94	1.21	1.60
25	国联信托	0.14	0.15	0.41
26	英大信托	0.00	3.44	0.00
27	中铁信托	0.00	未披露	0.00
28	国投信托	0.00	未披露	未披露
29	华澳信托	0.00	未披露	未披露
30	中泰信托	0.00	未披露	未披露
31	金谷信托	未披露	34.88	12.66
32	粤财信托	未披露	未披露	12.49
33	民生信托	未披露	0.20	9.16
34	苏州信托	未披露	7.63	8.15
35	外贸信托	未披露	0.02	7.60
36	百瑞信托	未披露	3.44	6.35
37	北京国信	未披露	未披露	4.47
38	长安国信	未披露	未披露	4.42
39	紫金信托	未披露	0.00	2.96
40	厦门国信	未披露	2.84	2.20
41	建信信托	未披露	1.67	0.54
42	中融信托	未披露	6.70	0.41
43	渤海信托	未披露	未披露	0.01
44	华宝信托	未披露	0.01	0.01
45	云南国信	未披露	未披露	0.00
46	国通信托	未披露	未披露	未披露
47	五矿信托	未披露	未披露	未披露
48	西部信托	未披露	未披露	未披露
49	中粮信托	未披露	未披露	未披露

续表

序号	公司简称	2023 年	2022 年	2021 年
50	长城新盛	未披露	未披露	未披露
51	浙金信托	未披露	未披露	未披露
52	华信信托	未披露	未披露	未披露
53	建元信托(安信信托)	未披露	未披露	未披露
54	新时代信托	未披露	未披露	未披露
55	山东国信	未披露	未披露	未披露
56	雪松国信	未披露	未披露	未披露
57	华能贵诚	未披露	未披露	未披露
58	大业信托	未披露	未披露	未披露
59	吉林信托	未披露	未披露	未披露
60	光大信托	未披露	未披露	未披露
61	上海信托	未披露	未披露	未披露
62	中海信托	未披露	未披露	未披露
63	东莞信托	未披露	未披露	未披露
64	西藏信托	未披露	未披露	未披露
65	山西信托	未披露	未披露	未披露
66	华融国信	未披露	未披露	未披露
67	四川信托	未披露	未披露	未披露

表 5-21 信托公司自营资产分布证券业资产序列(2023 年) 单位:万元

序号	公司简称	2023 年	2022 年	2021 年
1	中信信托	1858820	1902786	1473059
2	英大信托	1091985	1015622	324578
3	华能贵诚	1075472	1113017	708958
4	华润信托	733660	310768	125489
5	交银国信	710875	427940	350507
6	外贸信托	686877	839100	980157
7	昆仑信托	600236	471848	331940
8	上海信托	475460	319201	461670
9	建信信托	429095	438622	443730
10	兴业信托	418866	514068	599664
11	重庆国信	330130	217795	258330
12	国投信托	326608	318738	346309
13	紫金信托	323194	358085	116554
14	中海信托	313191	185562	166163

续表

序号	公司简称	2023年	2022年	2021年
15	财信信托	306938	303656	未披露
16	陕国投	257488	201335	未披露
17	国民信托	242764	95339	109098
18	陆家嘴信托	236113	177431	34878
19	中诚信托	227868	225190	223873
20	吉林信托	196849	未披露	未披露
21	华鑫信托	171094	363368	357631
22	北方国信	170055	99088	73751
23	中铁信托	166725	144415	97130
24	百瑞信托	161036	155126	185005
25	东莞信托	158754	122921	100038
26	苏州信托	121778	111818	105898
27	厦门国信	118021	40708	76545
28	国元信托	114278	121759	未披露
29	渤海信托	96523	13983	1524
30	中粮信托	83542	2708	39405
31	中航信托	81466	235341	309770
32	光大信托	76394	72945	240587
33	天津信托	38565	104731	91282
34	五矿信托	38054	100356	444172
35	华宸信托	34366	48449	19510
36	西部信托	32487	52374	69402
37	中泰信托	24413	22295	31080
38	西藏信托	21642	47949	72161
39	中建投信托	17927	26357	185
40	爱建信托	12602	34649	117447
41	国联信托	11692	14730	24512
42	中原信托	5533	6006	6290
43	华融国信	5018	4307	3473
44	浙金信托	4976	未披露	52550
45	工商信托	3175	9391	268
46	江苏国信	426	1128	539599
47	万向信托	372	8121	18880
48	民生信托	未披露	未披露	1408748
49	中融信托	未披露	1220704	918668

续表

序号	公司简称	2023 年	2022 年	2021 年
50	国通信托	未披露	141674	292238
51	长安国信	未披露	未披露	195519
52	华宝信托	未披露	290644	148988
53	云南国信	未披露	132300	89600
54	北京国信	未披露	未披露	20646
55	粤财信托	未披露	未披露	9191
56	平安信托	未披露	未披露	未披露
57	长城新盛	未披露	未披露	未披露
58	山西信托	未披露	未披露	未披露
59	大业信托	未披露	未披露	未披露
60	四川信托	未披露	未披露	未披露
61	金谷信托	未披露	未披露	未披露
62	华澳信托	未披露	未披露	未披露
63	山东国信	未披露	未披露	未披露
64	雪松国信	未披露	未披露	未披露
65	新时代信托	未披露	未披露	未披露
66	建元信托（安信信托）	未披露	未披露	未披露
67	华信信托	未披露	未披露	未披露

表 5－22 信托公司自营资产分布证券业资产占比序列（2023 年） （%）

序号	公司简称	2023 年	2022 年	2021 年
1	英大信托	76.37	76.75	27.53
2	国民信托	51.16	21.51	28.29
3	中信信托	49.00	49.00	40.00
4	中海信托	48.97	32.88	29.97
5	交银国信	41.65	23.60	20.33
6	昆仑信托	40.15	30.32	20.90
7	华能贵诚	35.90	37.63	24.87
8	外贸信托	33.23	41.24	47.09
9	紫金信托	27.03	38.60	13.80
10	吉林信托	25.73	未披露	未披露
11	国投信托	25.22	24.28	31.47
12	北方国信	24.59	15.02	11.37
13	华宸信托	24.10	38.36	16.99
14	财信信托	23.20	24.83	未披露

续表

序号	公司简称	2023年	2022年	2021年
15	华润信托	22.15	9.63	3.91
16	兴业信托	21.96	26.51	26.43
17	东莞信托	21.15	16.14	13.22
18	上海信托	18.41	15.43	22.67
19	苏州信托	17.11	16.05	15.75
20	陆家嘴信托	15.29	11.52	2.54
21	建信信托	15.15	14.51	16.50
22	厦门国信	14.26	5.93	11.06
23	百瑞信托	13.52	13.29	16.29
24	陕国投	12.61	10.28	未披露
25	中铁信托	11.75	9.66	6.29
26	重庆国信	11.64	7.27	8.21
27	中粮信托	10.55	0.33	4.97
28	国元信托	10.38	11.98	未披露
29	中诚信托	9.74	10.25	10.31
30	华鑫信托	9.03	21.87	24.01
31	渤海信托	6.05	0.89	0.10
32	西部信托	5.65	9.28	10.92
33	中泰信托	4.73	4.46	6.24
34	中航信托	3.99	11.63	15.77
35	光大信托	3.69	3.18	11.13
36	天津信托	3.54	9.88	9.06
37	西藏信托	2.52	7.59	12.46
38	中建投信托	2.07	2.91	0.01
39	国联信托	1.54	2.07	3.62
40	五矿信托	1.34	3.71	16.47
41	华融国信	1.32	1.12	0.26
42	爱建信托	1.13	3.09	10.82
43	浙金信托	1.07	未披露	11.64
44	工商信托	0.65	1.83	0.05
45	中原信托	0.51	0.61	0.61
46	万向信托	0.10	1.67	3.92
47	江苏国信	0.02	0.04	19.36
48	华澳信托	0.00	未披露	未披露
49	国通信托	未披露	15.46	28.32

续表

序号	公司简称	2023 年	2022 年	2021 年
50	中融信托	未披露	40.13	28.08
51	长安国信	未披露	未披露	20.87
52	云南国信	未披露	25.16	18.47
53	华宝信托	未披露	25.59	14.05
54	民生信托	未披露	未披露	11.54
55	北京国信	未披露	未披露	1.15
56	粤财信托	未披露	未披露	0.78
57	平安信托	未披露	未披露	未披露
58	长城新盛	未披露	未披露	未披露
59	华信信托	未披露	未披露	未披露
60	建元信托(安信信托)	未披露	未披露	未披露
61	新时代信托	未披露	未披露	未披露
62	雪松国信	未披露	未披露	未披露
63	四川信托	未披露	未披露	未披露
64	山东国信	未披露	未披露	未披露
65	金谷信托	未披露	未披露	未披露
66	山西信托	未披露	未披露	未披露
67	大业信托	未披露	未披露	未披露

表 5-23 信托公司自营资产分布实业资产序列(2023 年) 单位:万元

序号	公司简称	2023 年	2022 年	2021 年
1	渤海信托	1157638	1128866	1214842
2	中航信托	725568	516737	未披露
3	平安信托	467846	442743	460598
4	建信信托	286142	257765	232429
5	爱建信托	240263	195059	169923
6	财信信托	236054	341029	未披露
7	中信信托	213704	162272	146885
8	昆仑信托	194512	259105	227550
9	紫金信托	158888	19985	0
10	外贸信托	141410	未披露	未披露
11	华鑫信托	132732	0	未披露
12	厦门国信	123186	106613	114112
13	华澳信托	100591	144417	未披露
14	北方国信	98900	79968	21227

续表

序号	公司简称	2023年	2022年	2021年
15	重庆国信	83517	83517	147750
16	华润信托	79234	222305	191863
17	国元信托	68488	22710	未披露
18	万向信托	65801	112807	未披露
19	苏州信托	65536	58083	40240
20	浙金信托	60840	75455	未披露
21	西藏信托	60553	63508	101386
22	兴业信托	50708	未披露	未披露
23	百瑞信托	50610	82151	137591
24	天津信托	43604	99211	35000
25	中原信托	37869	15362	9251
26	中建投信托	29282	31057	未披露
27	中诚信托	27536	31578	33459
28	国联信托	23317	18104	18701
29	陕国投	17729	33583	未披露
30	江苏国信	17356	11371	7361
31	工商信托	9357	10208	20941
32	华宸信托	7987	14949	11236
33	光大信托	1200	1200	3292
34	英大信托	0	0	0
35	中铁信托	0	未披露	0
36	国投信托	0	未披露	未披露
37	中泰信托	0	未披露	未披露
38	北京国信	未披露	未披露	1011238
39	中融信托	未披露	210286	256986
40	长安国信	未披露	未披露	246717
41	金谷信托	未披露	未披露	106827
42	中海信托	未披露	19997	20000
43	山西信托	未披露	未披露	未披露
44	国通信托	未披露	24824	未披露
45	西部信托	未披露	未披露	未披露
46	中粮信托	未披露	未披露	未披露
47	长城新盛	未披露	未披露	未披露
48	云南国信	未披露	未披露	未披露
49	华信信托	未披露	未披露	未披露

续表

序号	公司简称	2023 年	2022 年	2021 年
50	国民信托	未披露	未披露	未披露
51	华宝信托	未披露	未披露	未披露
52	建元信托(安信信托)	未披露	未披露	未披露
53	新时代信托	未披露	未披露	未披露
54	山东国信	未披露	未披露	未披露
55	雪松国信	未披露	未披露	未披露
56	华能贵诚	未披露	未披露	未披露
57	五矿信托	未披露	未披露	未披露
58	民生信托	未披露	399970	未披露
59	大业信托	未披露	未披露	未披露
60	上海信托	未披露	未披露	未披露
61	吉林信托	未披露	未披露	未披露
62	东莞信托	未披露	未披露	未披露
63	华融国信	未披露	未披露	未披露
64	粤财信托	未披露	未披露	未披露
65	交银国信	未披露	未披露	未披露
66	陆家嘴信托	未披露	未披露	未披露
67	四川信托	未披露	未披露	未披露

表 5-24 信托公司自营资产分布实业资产占比序列(2023 年) (%)

序号	公司简称	2023 年	2022 年	2021 年
1	渤海信托	72.51	71.52	75.86
2	中航信托	35.57	25.53	未披露
3	华澳信托	24.93	34.18	未披露
4	爱建信托	21.46	17.37	15.66
5	财信信托	17.84	27.89	未披露
6	万向信托	17.60	23.25	未披露
7	厦门国信	14.88	15.53	16.48
8	平安信托	14.73	12.94	14.26
9	北方国信	14.30	12.12	3.27
10	紫金信托	13.29	2.15	0.00
11	浙金信托	13.14	16.60	未披露
12	昆仑信托	13.01	16.65	14.33
13	建信信托	10.10	8.53	8.64
14	苏州信托	9.21	8.34	5.98

续表

序号	公司简称	2023年	2022年	2021年
15	西藏信托	7.05	10.05	17.50
16	华鑫信托	7.00	0.00	未披露
17	外贸信托	6.84	未披露	0.00
18	国元信托	6.22	2.23	未披露
19	中信信托	6.00	4.00	4.00
20	华宸信托	5.60	11.84	9.79
21	百瑞信托	4.25	7.04	12.12
22	天津信托	4.00	9.36	3.47
23	中原信托	3.49	1.57	0.90
24	中建投信托	3.38	3.43	未披露
25	国联信托	3.07	2.54	2.76
26	重庆国信	2.95	2.79	4.70
27	兴业信托	2.66	未披露	未披露
28	华润信托	2.39	6.89	5.98
29	工商信托	1.92	1.99	3.68
30	中诚信托	1.18	1.44	1.54
31	陕国投	0.87	1.71	未披露
32	江苏国信	0.57	0.38	0.00
33	光大信托	0.06	0.05	0.15
34	英大信托	0.00	0.00	0.00
35	中铁信托	0.00	未披露	0.00
36	国投信托	0.00	未披露	未披露
37	中泰信托	0.00	未披露	未披露
38	长安国信	未披露	未披露	26.33
39	北京国信	未披露	未披露	56.46
40	金谷信托	未披露	未披露	22.13
41	中融信托	未披露	6.91	7.85
42	中海信托	未披露	3.54	3.61
43	国通信托	未披露	2.71	未披露
44	山西信托	未披露	未披露	未披露
45	西部信托	未披露	未披露	未披露
46	中粮信托	未披露	未披露	未披露
47	长城新盛	未披露	未披露	未披露
48	云南国信	未披露	未披露	未披露
49	华信信托	未披露	未披露	未披露

续表

序号	公司简称	2023 年	2022 年	2021 年
50	国民信托	未披露	未披露	未披露
51	华宝信托	未披露	未披露	未披露
52	建元信托(安信信托)	未披露	未披露	未披露
53	新时代信托	未披露	未披露	未披露
54	山东国信	未披露	未披露	未披露
55	雪松国信	未披露	未披露	未披露
56	华能贵诚	未披露	未披露	未披露
57	五矿信托	未披露	未披露	未披露
58	民生信托	未披露	34. 14	未披露
59	大业信托	未披露	未披露	未披露
60	上海信托	未披露	未披露	未披露
61	吉林信托	未披露	未披露	未披露
62	东莞信托	未披露	未披露	未披露
63	华融国信	未披露	未披露	未披露
64	粤财信托	未披露	未披露	未披露
65	交银国信	未披露	未披露	未披露
66	陆家嘴信托	未披露	未披露	未披露
67	四川信托	未披露	未披露	未披露

表 5-25 信托公司自营资产长期投资序列(2023 年) 单位:万元

序号	公司简称	2023 年	2022 年	2021 年
1	华润信托	1838773	1766574	1751443
2	江苏国信	1764067	1812837	1756544
3	建信信托	1120238	1136551	1081005
4	平安信托	673499	673799	673499
5	中诚信托	557435	520514	498533
6	国元信托	498793	452989	未披露
7	国联信托	482944	464119	447738
8	兴业信托	404516	404516	404516
9	中信信托	379612	407455	395281
10	粤财信托	374820	331106	282972
11	重庆国信	297369	645207	866992
12	中原信托	283741	271435	256292
13	中泰信托	249101	235851	224196
14	天津信托	233277	226769	222559

续表

序号	公司简称	2023 年	2022 年	2021 年
15	紫金信托	139143	125010	58458
16	上海信托	137318	150312	150604
17	厦门国信	135440	128002	123399
18	外贸信托	118570	112713	112062
19	中铁信托	109164	143967	180589
20	山西信托	55530	53197	52190
21	中海信托	47133	48219	48054
22	华能贵诚	20000	20000	20000
23	吉林信托	19552	未披露	未披露
24	国投信托	17841	17698	18693
25	昆仑信托	15037	13560	2519
26	百瑞信托	7040	8485	11454
27	中粮信托	6782	2510	2510
28	北方国信	5376	5413	5418
29	工商信托	5000	5000	5000
30	中建投信托	3334	4927	7216
31	交银国信	105	105	105
32	爱建信托	0	0	3906
33	西藏信托	0	0	0
34	民生信托	未披露	未披露	1882772
35	中融信托	未披露	238620	233829
36	华宝信托	未披露	82688	83414
37	长安国信	未披露	未披露	30498
38	北京国信	未披露	未披露	9684
39	华宸信托	未披露	27	262
40	华融国信	未披露	未披露	0
41	英大信托	未披露	0	0
42	东莞信托	未披露	0	0
43	华信信托	未披露	未披露	未披露
44	建元信托（安信信托）	未披露	未披露	未披露
45	山东国信	未披露	未披露	未披露
46	四川信托	未披露	未披露	未披露
47	财信信托	未披露	未披露	未披露
48	新时代信托	未披露	未披露	未披露
49	雪松国信	未披露	未披露	未披露

续表

序号	公司简称	2023 年	2022 年	2021 年
50	陕国投	未披露	未披露	未披露
51	云南国信	未披露	未披露	未披露
52	渤海信托	未披露	未披露	未披露
53	中航信托	未披露	未披露	未披露
54	金谷信托	未披露	未披露	未披露
55	国通信托	未披露	未披露	未披露
56	大业信托	未披露	未披露	未披露
57	华鑫信托	未披露	未披露	未披露
58	五矿信托	未披露	11365511	未披露
59	长城新盛	未披露	未披露	未披露
60	万向信托	未披露	未披露	未披露
61	西部信托	未披露	未披露	未披露
62	苏州信托	未披露	未披露	未披露
63	光大信托	未披露	未披露	未披露
64	国民信托	未披露	未披露	未披露
65	陆家嘴信托	未披露	未披露	未披露
66	华澳信托	未披露	未披露	未披露
67	浙金信托	未披露	未披露	未披露

第六章　公司收入结构分析

第一节 信托公司营业收入

一、营业收入的历史分析

从本书掌握的2023年年报披露情况来看，有59家信托公司公布了营业收入与营业利润情况。

2023年，信托行业共实现营业收入845.37亿元，平均每家信托公司营业收入为143283万元，比2022年增长了1.11%。自2004年以来，信托公司的营业收入在2007年的上升幅度最大，上升了21694万元，同比上升了158.76%。

2007年，单个信托公司营业收入最高为259269万元，之后，年高点在2008年降至200481万元，2009年小幅回升至207486万元，2010年继续上升至238640万元。2015年出现了历史最高的营业收入，是中信信托创造的1029044万元。中信信托2016年、2017年、2018年和2019年的营业收入分别为564900万元、574951万元、614467万元和637797万元，虽然与2015年的最高点相比有较大幅度的下降，但也保持了不俗的业绩。2023年上海信托营业收入再创新高，达到814090万元。

信托公司营业收入的变异系数在2007年达到最大，为1.42，然后逐年下降，2011年下降为1.03，2012年为0.86，2013年为0.82，2014年为0.85，而2015年上升至0.99，2016年又降至0.82，2017年继续下降至0.77，2018年小幅回升至0.78，2019年小幅回落至0.77，2020年上升至0.82，这表明2020年各信托公司营业收入差距有小幅扩大的现象，2021年该差距继续扩大至0.84，2022年持续扩大至1.86，2023年缩减至0.92。具体数据如表6－1所示。

表6-1 2019—2023年信托公司营业收入统计分析

项目	2019年	2020年	2021年	2022年	2023年
平均值(万元)	174802	192131	182430	141712	143283
平均值增长额度(万元)	22342	17329	-9701	-40718	1571
增长幅度(%)	14.65	9.91	-5.05	-22.32	1.11
公司数目(家)	67	62	61	59	59
最大值(万元)	637797	707270	671959	573367	814090
最小值(万元)	-47932	-129729	-109063	-23180	-6882
标准差(万元)	134531	157714	152888	264218	132471
变异系数	0.77	0.82	0.84	1.86	0.92

二、营业收入的公司分析

从营业收入排名来看,2023年营业收入排名前5的信托公司分别为上海信托(814090万元)、中信信托(378328万元)、华能贵诚(326751万元)、华润信托(310818万元)和江苏国信(300386万元)(见表6-2)。

2009年营业收入达到5亿元以上的公司只有12家,2010年增长到16家,2011年增加到27家,2012年达到了47家,2013年达到56家,2014年达到57家,2015年达到了63家,2016年为58家,2017年为61家,2018年这一指标有所回落,为58家,2019年为59家,2020年为55家,2021年与2020年持平,2022年锐减至37家,2023年回升至45家。

表6-2 信托公司营业收入序列(2023年)

单位:万元

序号	公司简称	2023年	2022年	2021年
1	上海信托	814090	201948	279808
2	中信信托	378328	573367	671959
3	华能贵诚	326751	391148	602308
4	华润信托	310818	342172	436918
5	江苏国信	300386	247718	252219
6	华鑫信托	295406	226667	195326
7	山西信托	293266	291366	16385
8	五矿信托	289908	359129	459663
9	建信信托	281465	363281	362093
10	陕国投	281280	192591	195134
11	光大兴陇	273813	431574	620373

续表

序号	公司简称	2023 年	2022 年	2021 年
12	英大信托	257771	222080	190849
13	外贸信托	252477	238513	334383
14	中诚信托	223677	204391	233199
15	平安信托	216820	308586	312702
16	国投泰康	188405	210283	208641
17	紫金信托	172685	167783	141342
18	华宝信托	171563	146510	177550
19	交银国信	169007	194902	190276
20	粤财信托	144462	176939	199459
21	渤海信托	142459	13943	136666
22	国元信托	137005	99446	未披露
23	华澳信托	132565	154764	82769
24	中粮信托	128062	90966	118790
25	中航信托	122822	226708	348680
26	山东国信	119046	150871	177870
27	国通信托	114651	110456	125503
28	中铁信托	108761	未披露	160243
29	爱建信托	105312	138648	222560
30	金谷信托	104312	78594	65938
31	厦门国信	101201	93239	145593
32	云南国信	97564	92378	90221
33	西部信托	94154	90107	80227
34	天津信托	93195	705469	94612
35	国民信托	92854	88590	67991
36	苏州信托	87437	87935	97873
37	百瑞信托	85779	104277	154131
38	中海信托	85562	94866	93640
39	重庆国信	84201	104192	247030
40	中原信托	79068	75652	107073
41	财信信托	77087	108026	120787
42	国联信托	71102	68132	55412
43	陆家嘴信托	69424	149175	241729
44	西藏信托	64838	60135	88013
45	北方国信	60316	66536	82166
46	东莞信托	49890	32469	74385

续表

序号	公司简称	2023年	2022年	2021年
47	浙金信托	43998	56569	53326
48	昆仑信托	42921	142156	142156
49	兴业信托	42422	95729	178704
50	建元信托(安信信托)	41253	-45134	未披露
51	大业信托	29545	28824	55991
52	万向信托	29253	8666	146006
53	中泰信托	27575	13709	18244
54	华融国信	19682	59167	145852
55	吉林信托	15683	未披露	未披露
56	中建投信托	9621	-25785	151667
57	长城新盛	5033	1911	9788
58	华宸信托	2569	2330	3995
59	工商信托	-6882	-23180	66886
60	中融信托	未披露	417648	490349
61	长安国信	未披露	未披露	217988
62	北京国信	未披露	未披露	182852
63	民生信托	未披露	68709	-109063
64	四川信托	未披露	未披露	未披露
65	华信信托	未披露	未披露	未披露
66	新时代信托	未披露	未披露	未披露
67	雪松信托	未披露	未披露	未披露

表6-3为信托公司营业收入增长序列。

表6-3 信托公司营业收入增长序列(2023年) 单位:万元

序号	公司简称	2023年	2022年	2021年
1	上海信托	612142	44984	26141
2	渤海信托	128516	122478	0
3	建元信托(安信信托)	86387	288851	8597
4	陕国投	79681	24031	2832
5	华鑫信托	68739	469726	0
6	江苏国信	52668	63215	11770
7	国元信托	37559	未披露	6529
8	中粮信托	37096	186199	0
9	英大信托	35485	124186	8928
10	中建投信托	35406	123558	未披露

续表

序号	公司简称	2023 年	2022 年	2021 年
11	金谷信托	25718	-20536	0
12	华宝信托	25053	1911920	7955
13	万向信托	20588	24650	未披露
14	中诚信托	19286	148944	7304
15	东莞信托	17421	110768	6106
16	工商信托	16298	20977	7834
17	外贸信托	13964	-10527	16047
18	中泰信托	13865	92809	5170
19	厦门国信	7962	210347	3181
20	紫金信托	4902	247371	0
21	西藏信托	4703	-5486	527
22	国民信托	4264	9333	1977
23	国通信托	4194	2684641	0
24	西部信托	4047	303190	2502
25	中原信托	3416	114882	5848
26	长城新盛	3121	219482	未披露
27	国联信托	2970	12695	10177
28	山西信托	1900	133313	9199
29	大业信托	721	189279	0
30	华宸信托	239	27195	2272
31	苏州信托	-497	230273	6380
32	北方国信	-6220	90721	4254
33	中海信托	-9304	-12139	8791
34	浙金信托	-12571	36077	未披露
35	百瑞信托	-18499	46963	4261
36	重庆国信	-19991	121960	4024
37	国投泰康	-21877	221520	4914
38	华澳信托	-22199	115778	0
39	交银国信	-23917	26654	未披露
40	财信信托	-30938	28758	4517
41	山东国信	-31825	141174	6651
42	粤财信托	-32477	300945	4126
43	爱建信托	-33335	24719	未披露
44	华融国信	-39484	235430	1719
45	兴业信托	-53307	-82975	6144

续表

序号	公司简称	2023 年	2022 年	2021 年
46	华能贵诚	-64397	673	0
47	五矿信托	-69221	59572	0
48	陆家嘴信托	-79752	315168	1574
49	建信信托	-81816	314094	5835
50	平安信托	-91766	-4116	8556
51	中航信托	-103887	37020	0
52	昆仑信托	-120897	132885	2307
53	中铁信托	-130044	71238	未披露
54	光大兴陇	-157760	-6995	1149
55	中信信托	-195039	101848	13926
56	华润信托	-322490	307405	18588
57	天津信托	-612274	107471	24557
58	中融信托	未披露	205291	2737
59	北京国信	未披露	192793	18350
60	云南国信	未披露	161307	3020
61	长安国信	未披露	111037	3240
62	民生信托	未披露	375869	未披露
63	四川信托	未披露	未披露	0
64	华信信托	未披露	未披露	未披露
65	新时代信托	未披露	未披露	0
66	雪松信托	未披露	未披露	3132
67	新华信托	未披露	未披露	未披露

第二节　信托公司利润总额与净利润

一、利润总额与净利润的历史分析

2023 年，信托行业共实现利润总额 498 亿元，平均每家信托公司的利润总额为 84465 万元，比 2022 年上升了 7.19%。自 2004 年以来，信托公司的利润总额在 2007 年的上升幅度最大，上升了 26759 万元，同比上升了 273.66%；在 2008 年下跌幅度最大，下跌了 10392 万元，同比下跌了 28.81%。

信托公司平均利润总额在 2014—2017 年连续 4 年持续上升，其中，2014 年上升幅度最大,达到15.26%。2018年出现了下跌,2019年虽然出现增长,但增长幅度较小。2020年出现下跌,这显示在新冠疫情等多重因素的影响下,整个信托市场的盈利状况不容乐观。2022年该指标持续下滑,而2023年在上投摩根基金公司股权的带动下,行业利润总额有所回升。

2004年以来,信托公司利润总额在2004年差异度最大,变异系数为1.49,2005年和2006年变异系数下降,2007年变异系数增长至1.29,之后逐年下降,2011年达到0.97,2012年达到0.86,2013年达到0.84,2014年达到历史最低值0.82,2015年小幅上升至0.86,2016年与2015年持平,2017年小幅下降至0.85,2018年则大幅回升至1.05,2019年上升至1.23,2020年上升至1.45,2021年下降至1.34,2022年上升至1.58,2023年下降至1.48。具体数据见表6-4。

表6-4 2019—2023年信托公司利润总额统计分析

项目	2019年	2020年	2021年	2022年	2023年
平均值(万元)	106290	104695	98884	78796	84465
平均值增长额度(万元)	4025	-1595	-5811	-20088	5669
增长幅度(%)	3.94	-1.50	-5.55	-20.31	7.19
公司数目(家)	67	62	61	60	59
利润总额为负的公司数(家)	4	3	4	6	6
最大值(万元)	451426	503574	500286	385569	653424
最小值(万元)	-523897	-728803	-465183	-529628	-105970
标准差(万元)	131013	152011	132361	124143	125101
变异系数	1.23	1.45	1.34	1.58	1.48

二、利润总额与净利润的公司分析

从利润总额排名来看,2023年,利润总额排名前5的信托公司分别为上海信托(653424万元)、中信信托(293608万元)、江苏国信(271074万元)、华能贵诚(268541万元)和华鑫信托(238668万元)(见表6-5)。

从信托公司净利润水平来看,2018年全行业净利润出现了自2012年以来的首次下跌,2019年净利润继续小幅下跌,而2020年净利润出现大幅下跌,在2023年有较明显回升。2023年净利润排名前5的信托公司分别为上海信托(495172万元)、江苏国信(254344万元)、中信信托(225600万元)、华能贵诚(213369万元)以及华鑫信托(177881万元)(见表6-6)。

表6－5 信托公司利润总额序列(2023年) 单位:万元

序号	公司简称	2023年	2022年	2021年
1	上海信托	653424	201083	181258
2	中信信托	293608	385569	365288
3	江苏国信	271074	221297	225317
4	华能贵诚	268541	330928	500287
5	华鑫信托	238668	170831	149422
6	英大信托	209710	183791	160398
7	建信信托	204937	287095	294793
8	五矿信托	157408	234649	313380
9	陕国投	143659	11146	97742
10	华润信托	135850	265282	375175
11	国投泰康	132391	15452	163444
12	外贸信托	131404	105918	212981
13	华宝信托	123566	189600	127347
14	紫金信托	123526	11065	104351
15	中诚信托	102869	129373	101150
16	粤财信托	100233	155877	163232
17	国元信托	92468	86235	未披露
18	光大兴陇	89788	183078	208783
19	交银国信	86011	124010	150677
20	中海信托	85562	未披露	－139849
21	财信信托	85060	3271	95489
22	中粮信托	77627	4389	79250
23	苏州信托	70564	5703	78224
24	国通信托	70048	7709	75275
25	天津信托	68196	67624	62581
26	厦门国信	67032	84265	91918
27	平安信托	66111	208790	200590
28	重庆国信	62269	183078	204026
29	国联信托	59487	280105	48374
30	西部信托	58222	64146	57546
31	云南国信	53143	52137	50694
32	国民信托	49905	42284	36094
33	金谷信托	45671	18167	16009
34	百瑞信托	42603	75265	111766
35	西藏信托	41888	39866	53730

续表

序号	公司简称	2023 年	2022 年	2021 年
36	爱建信托	37716	53373	130324
37	渤海信托	35294	17284	7703
38	陆家嘴信托	31643	21180	211645
39	北方国信	30328	37360	43585
40	山东国信	29015	59123	46514
41	中原信托	22750	27264	49421
42	中铁信托	22609	83384	96641
43	浙金信托	21287	未披露	25392
44	中泰信托	20173	4999	6051
45	中航信托	10102	108007	220986
46	东莞信托	7239	2889	11019
47	华宸信托	6777	5286	3940
48	吉林信托	4947	未披露	未披露
49	大业信托	4691	4220	15647
50	山西信托	3101	1380	1722
51	华融国信	3037	8656	64125
52	建元信托(安信信托)	1881	-158238	-109190
53	长城新盛	340	-150	-1289
54	万向信托	-27187	4269	91539
55	工商信托	-28003	-29226	43279
56	中建投信托	-37311	-74416	38634
57	华澳信托	-40281	-96606	43586
58	兴业信托	-79126	-32575	15603
59	昆仑信托	-105970	-58373	44106
60	中融信托	未披露	14774	160972
61	北京国信	未披露	未披露	146112
62	长安国信	未披露	未披露	72302
63	民生信托	未披露	未披露	-465183
64	四川信托	未披露	未披露	未披露
65	华信信托	未披露	未披露	未披露
66	新时代信托	未披露	未披露	未披露
67	雪松信托	未披露	未披露	未披露

表6-6 信托公司净利润序列(2023年)

单位:万元

序号	公司简称	2023年	2022年	2021年
1	上海信托	495172	95672	142240
2	江苏信托	254344	198930	203969
3	中信信托	225600	303633	278216
4	华能贵诚	213369	244317	379049
5	华鑫信托	177881	127328	113362
6	英大信托	160753	144246	123394
7	建信信托	153402	217715	220205
8	华润信托	125151	231631	331125
9	五矿信托	119042	177552	236227
10	陕国投	108248	83798	73222
11	外贸信托	102094	84143	164311
12	国投泰康	101299	118098	123560
13	华宝信托	101171	86264	85895
14	中诚信托	97393	107004	102894
15	紫金信托	97198	83846	79332
16	粤财信托	94252	138511	148340
17	国元信托	75329	71370	64804
18	财信信托	65835	69836	71387
19	交银国信	65040	81128	113128
20	中海信托	63585	54822	-157415
21	平安信托	61307	159268	101223
22	中粮信托	60226	35611	59201
23	天津信托	57302	57640	42150
24	国通信托	54529	58745	56437
25	厦门国信	54305	59396	71652
26	国联信托	52097	52704	43625
27	苏州信托	51444	49471	58998
28	西部信托	44020	42787	43652
29	云南国信	39045	38974	38023
30	国民信托	38289	32519	27136
31	光大兴陇	36779	118829	155967
32	西藏信托	35572	34817	47224
33	金谷国信	33773	13447	11891
34	百瑞信托	32234	60456	84016
35	爱建信托	28024	39008	97533

续表

序号	公司简称	2023 年	2022 年	2021 年
36	陆家嘴信托	23704	83009	158623
37	北方国信	23166	28194	32770
38	重庆国信	20716	31417	166732
39	中泰信托	20182	9130	8635
40	中铁信托	18191	64984	77202
41	山东国信	15863	28043	46852
42	浙金信托	15842	19804	18956
43	中原信托	13996	12569	32851
44	中航信托	8387	81993	167887
45	东莞信托	5481	3195	7697
46	华宸信托	5027	3912	3075
47	吉林信托	4947	5133	未披露
48	建元信托（安信信托）	4320	-103970	-112944
49	大业信托	3556	3417	11753
50	渤海国信	3191	4243	5257
51	华融国信	3106	812	49953
52	山西信托	2879	2776	2683
53	长城新盛	635	-265	-4311
54	万向信托	-20287	-18912	70024
55	工商信托	-20499	-21892	32473
56	中建投信托	-38705	-76397	28954
57	华澳信托	-43098	-96734	32614
58	兴业信托	-58936	-13697	16676
59	昆仑信托	-78602	-40265	34311
60	中融信托	未披露	144342	128002
61	民生信托	未披露	-397422	-350384
62	北京国信	未披露	未披露	110823
63	长安国信	未披露	未披露	53992
64	雪松信托	未披露	未披露	-11120
65	华信信托	未披露	未披露	未披露
66	四川信托	未披露	未披露	未披露
67	新时代信托	未披露	未披露	未披露

第三节　信托业务收入

一、信托业务收入的历史分析

2023年，有59家公司披露了信托业务收入。2023年，平均每家信托公司信托业务收入为88766万元，较2022年下降6.23%，降幅比上一年收窄。2014年以来，信托公司的信托业务收入在2014年的上升比例最大，达到了9.83%；2022年下跌幅度最大，下跌了29.87%。具体数据如表6-7所示。

表6-7　2019—2023年信托公司信托业务收入统计分析

项目	2019年	2020年	2021年	2022年	2023年
平均值（万元）	122533	136913	134985	94667	88766
平均值增长幅度（万元）	9327	14380	-1928	-40318	-5901
平均增长率（%）	8.24	11.74	-1.41	-29.87	-6.23
公司数目（家）	67	62	61	58	59
最大值（万元）	478848	578607	569436	467550	287866
最小值（万元）	431	459	468	213	473
标准差（万元）	105585	123695	132281	107714	72175
变异系数	0.86	0.90	0.98	1.14	0.81

二、信托业务收入的公司分析

从信托业务收入排名来看，2023年信托业务收入排名前5的信托公司分别为五矿信托（287866万元）、光大兴陇（280781万元）、英大信托（272471万元）、中信信托（240021万元）和华鑫信托（207166万元）（见表6-8）。

2013年信托业务收入达到1亿元以上和10亿元以上的信托公司分别有66家和19家，2014年分别为64家和25家，2015年分别为67家和26家，2016年分别为65家和26家，2017年分别为66家和29家，2018年分别为67家和27家，2019年分别为65家和31家，2020年分别为60家和30家，2021年分别为58家和29家，2022年分别为53家和21家，2023年分别为55家和18家。

表 6-8 信托公司信托业务收入规模序列(2023 年) 单位:万元

序号	公司简称	2023 年	2022 年	2021 年
1	五矿信托	287866	435125	452382
2	光大兴陇	280781	418781	569436
3	英大信托	272471	249876	211965
4	中信信托	240021	467550	564200
5	华鑫信托	207166	188470	131734
6	建信信托	205008	299594	322236
7	中航信托	179750	293221	395002
8	外贸信托	176105	194549	199349
9	陕国投	165019	140556	125772
10	中诚信托	162489	116813	129269
11	国投泰康	152899	146905	108755
12	渤海信托	138448	139099	175041
13	华能贵诚	132676	未披露	492025
14	平安信托	131391	191663	324408
15	华润信托	130637	147872	160256
16	中铁信托	128388	171266	159822
17	中粮信托	121535	112027	96428
18	紫金信托	121402	121349	97227
19	华宝信托	97121	112260	119782
20	交银国信	95556	11242	130736
21	江苏国信	86428	86185	84994
22	国民信托	86253	80233	60735
23	爱建信托	85948	123376	193871
24	金谷信托	85085	69393	56302
25	百瑞信托	84884	82780	109538
26	云南国信	82110	80096	72863
27	西部信托	77510	77332	76655
28	山东国信	77113	99029	82973
29	上海信托	75863	131601	144723
30	财信信托	72465	69292	79824
31	中海信托	68567	70951	62524
32	中原信托	63334	未披露	90782
33	厦门国信	60244	61918	86787
34	天津信托	59837	48278	51913
35	苏州信托	59416	62045	70661

续表

序号	公司简称	2023 年	2022 年	2021 年
36	重庆国信	56676	67629	142673
37	国元信托	54894	38366	未披露
38	粤财信托	52548	62278	66603
39	国通信托	51537	86834	96382
40	北方国信	49847	51618	73503
41	西藏信托	42971	48673	51774
42	兴业信托	37073	65483	109920
43	陆家嘴信托	35781	88178	177760
44	昆仑信托	35209	49327	72341
45	万向信托	32933	83296	124048
46	浙金信托	32882	37860	50543
47	建元信托(安信信托)	30517	未披露	未披露
48	东莞信托	29746	33859	66275
49	国联信托	27007	22118	22122
50	大业信托	25637	24137	44358
51	山西信托	23961	14205	19462
52	工商信托	18870	25818	56913
53	中建投信托	13747	43926	129592
54	吉林信托	10498	未披露	未披露
55	华澳信托	10159	9961	55188
56	华融国信	5889	8306	17881
57	中泰信托	4095	4249	6660
58	长城新盛	2462	9675	6130
59	华宸信托	473	213	468
60	中融信托	未披露	345408	445210
61	民生信托	未披露	13297	92358
62	华信信托	未披露	未披露	未披露
63	新时代信托	未披露	未披露	未披露
64	雪松信托	未披露	未披露	未披露
65	长安信托	未披露	未披露	未披露
66	北京国信	未披露	未披露	112282
67	四川信托	未披露	未披露	未披露

第七章 风控与资产质量分析

2023年，信托行业在转型中谋发展，有效防范化解风险是信托公司的核心任务。在三分类新规的背景下，信托业彻底回归财产管理功能和财产转移功能的本源定位与基本功能，充分体现了信托制度、信托行业、信托公司所固有的特征；风险管控的根本是坚持受托人履职尽责原则，从根源上消除长期以来变相承诺保底和刚性兑付带来的行业性风险、系统性风险及其他重大风险隐患，从而确保信托业在新的发展阶段走上科学、稳健和可持续发展之路。

第一节　净资本

净资本管理既有控制“小马拉大车”无意中出现的管理能力与风控能力不匹配的问题，也有防止个别公司为追逐眼前利益而恶意“违规超载”的现象，更有引导信托公司尽快实现从“广种薄收”“以量取胜”片面追求规模的粗放式经营模式向“精耕细作”、提升业务科技含量和产品附加值内涵发展的经营模式升级转型的深层考量及战略意图。动荡多变环境下获取竞争优势、进行风险管控的关键是建立以净资本管理为核心的业务发展模式和管理体系。

2023年67家信托公司中披露净资本值和净资产值的有57家。2023年详细披露固有业务风险资本和信托业务风险资本的有17家，较2022年减少了2家。55家公司披露了各项业务风险资本之和，较2022年增加1家。

在合规内容方面，《信托公司净资本管理办法》明确规定信托公司净资本不得低于人民币2亿元。目前，披露净资本值的57家公司此项风险控制指标均达标。其中最高的是中信信托（279亿元），其次为华能贵诚（248亿元）。披露公司的平均净资本值为89.57亿元，较2022年增加9.58%。

监管规定净资本不得低于各项风险资本之和的100%，不得低于净资产的40%。披露的公司中除吉林信托、华澳信托外,其余各信托公司这两项指标均达标,信托公司各项业务的风险资本有相应的净资本做支撑。其中,中信信托和华宸信托净资本分别为风险资本之和的764.90%、601.02%,排前2位,净资本占净资产比重最高的是华能贵诚(89.56%),其次是西藏信托(88.35%)。具体如表7-1所示。

表7-1　2023年与2022年信托公司净资本相关指标排名

排名	净资本前3名(2023年)(万元)	净资本前3名(2022年)(万元)	净资本/各项业务风险资本之和前3名(2023年)	净资本/各项业务风险资本之和前3名(2022年)	净资本/净资产前3名(2023年)	净资本/净资产前3名(2022年)
第1名	中信信托(2790000)	华能贵诚(2398089)	中信信托(764.90%)	中信信托(821.41%)	华能贵诚(89.56%)	华能贵诚(90.33%)
第2名	华能贵诚(2481284)	中信信托(2240000)	华宸信托(601.02%)	长城新盛(715.27%)	西藏信托(88.35%)	云南国信(88.00%)
第3名	江苏国信(2216530)	重庆信托(2141805)	国联信托(501.12%)	华宸信托(651.76%)	苏州信托(87.15%)	英大信托(87.67%)

第二节　自营业务不良资产

整体来看,2023年信托公司固有业务风险持续显露。自营业务平均不良资产规模及不良资产总体规模较2022年大幅上升,主要是严监管常态化、经济转型促进不良资产出清、房地产及相关行业发生深刻变化等因素所致。

结合不良资产规模分布可以看出,2023年67家信托公司中有42家存在不良资产,少于2022年。与2022年相比,不良资产规模缩减的有16家,较2021年减少13家。总体而言,2023年信托公司自营业务不良资产大幅降低,资产质量上升,经营风险下降。2023年变异系数为0.74,反映了公司间差异较2022年有所减小。具体如表7-2所示。

表7-2　2019—2023年信托公司自营不良资产规模统计分析

项目	2019年	2020年	2021年	2022年	2023年
合计(万元)	4044565	4996752	60501525	5462211	5807801
平均值(万元)	64199	81914	991828	97539	247140
平均值增长幅度(万元)	36727	17715	909914	-894289	149601

续表

项目	2019 年	2020 年	2021 年	2022 年	2023 年
平均值增长率(%)	133.69	28.00	92.00	-90.16	153.34
公司数目(家)	68	63	63	62	67
不良资产缩减的公司数(家)	11	20	29	14	16
最大值(万元)	795001	950558	3249536	230536	651789
最小值(万元)	0	0	0	0	0
标准差(万元)	133227	160516	797626	146738	183379
变异系数	2.08	1.96	0.80	1.53	0.74

从不良资产率来看,2023 年 67 家信托公司平均不良资产率为 10.06%,与 2022 年相比稍降。15 家信托公司的不良资产率低于上一年度。不良资产率降低有两方面原因:一是与不良资产处置、核销有关,二是与增资有关。不良资产率的变异系数为 1.59。总体来看,2023 年信托公司自营不良资产率与上年相比略有下降。详见表 7-3。

表 7-3　2019—2023 年信托公司自营不良资产率统计分析

项目	2019 年	2020 年	2021 年	2022 年	2023 年
平均值(%)	8.15	9.51	10.80	10.80	10.06
平均值增长幅度(个百分点)	1.14	1.36	1.29	0	-0.74
公司数目(家)	68	68	68	67	67
不良资产率缩减的公司数(家)	15	23	29	14	15
最大值(%)	82.40	98.47	99.07	65.07	78.75
最小值(%)	0	0	0	0	0
标准差(%)	0.14	16.49	17.36	15.15	16.03
变异系数	0.02	1.73	1.61	1.40	1.59

从不良资产规模的分布区间来看,2023 年亿元及以上不良资产公司为 34 家(占全部信托公司数的 50.75%),较 2022 年减少 16 家。亿元及以上不良资产公司产生了 99.21% 的行业不良资产,监管对象和风控重点集中在这 34 家公司。详见表 7-4。

表 7-4　信托公司自营不良资产规模分布

不良资产规模区间	亿元及以上区间	0~1 亿元区间	0 元	总计
2023 年公司数目(占比)	34 (50.75%)	6 (8.96%)	6 (8.96%)	46
2022 年公司数目(占比)	50 (86.21%)	1 (1.72%)	7 (12.07%)	58

续表

不良资产规模区间	亿元及以上区间	0~1亿元区间	0元	总计
2023年不良资产规模合计(占比)	57620489万元(99.21%)	45752万元(0.79%)	0	5807801万元
2022年不良资产规模合计(占比)	5463861万元(99.99%)	357万元(0.01%)	0	5464218万元

从信托公司不良资产规模增幅来看,2023年不良资产规模缩减最多的是交银国信,其次是陕国投和重庆国信。不良资产率缩减最多的是万向信托,其次是华宸信托和陕国投。详见表7-5。

表7-5 信托公司自营不良资产缩减前5名

排名	不良资产规模缩减前5名(2022年)	不良资产规模缩减前5名(2023年)	不良资产率缩减前5名(2022年)	不良资产率缩减前5名(2023年)
第1名	五矿信托(-505093万元)	交银国信(-69114万元)	万向信托(-27.08%)	万向信托(-7.60%)
第2名	陕国投(-492220万元)	陕国投(-49964万元)	山西信托(-12.61%)	华宸信托(-5.36%)
第3名	交银国信(-459170万元)	重庆国信(-42391万元)	东莞信托(-10.17%)	陕国投(-4.78%)
第4名	中铁信托(-409620万元)	中粮信托(-12401万元)	陆家嘴信托(-7.65%)	金谷信托(-4.74%)
第5名	东莞信托(-408597万元)	华宸信托(-9250万元)	爱建新盛(-5.61%)	长城新盛(-4.68%)

从不良资产的构成来看,按照原银保监会的要求,我国信托公司资产质量实行五级分类管理,次级、可疑和损失类资产即不良资产直接反映了信托公司资产的质量和安全程度。2023年信托公司正常类资产平均为1068622万元,占全部资产的80.98%,而次级、可疑和损失类不良资产平均为126132万元,占资产总额的9.56%。

表7-6 2023年信托公司资产类别

资产类别	正常	关注	次级	可疑	损失	不良资产合计
合计(万元)	49156594	5741749	3050415	1882126	869531	60700415
平均(万元)	1068622	124821	66313	40916	18903	126132
占比(%)	80.98	9.46	5.03	3.10	1.43	9.56

第三节 三分类新规实施后信托公司主要风险与防范

过去信托公司的主要业务是私募融资业务和通道类业务。其中,私募融资业务类似于银行的信贷业务,其风险主要源于单个项目的信用风险。信托公司主要通过项目开发和项目评审的分离实现对信用风险的客观评价,并建立业务部门的前端控制、风险管理职能部门的风险把控、稽核部门的事后检查三道防线,加强对风险的管理。

随着信托行业开始向资产管理和财富管理转型,信托公司风险管理将由以信用风险管理为主向以受托管理责任风险为主转变,将由以项目评审为主转向以尽责、合规、审慎评审为目标,对市场风险、操作风险与流动性风险的管理越发重要,对组合化风险分散能力要求提升,风险管理人才应实现从"投资专家"向"风险管理专家"的转型。

一、信托公司主要风险

(一)操作风险

操作风险是指由于内部程序、员工、信息科技系统存在问题以及外部事件造成损失的风险,包括法律风险,但不包括战略风险和声誉风险。操作风险管理是全面风险管理体系的重要组成部分,目标是有效防范操作风险,降低损失,提升对内外部事件冲击的应对能力,为业务稳健运营提供保障①。

根据《巴塞尔协议Ⅲ》的定义,操作风险事件可以分为以下七大种类:内部舞弊、外部舞弊、就业政策和工作场所安全性、实物资产安全、业务中断和系统、客户产品和业务操作、执行交割和流程管理,带来的风险损失和影响包括监管处罚、资产损失、对外赔偿、账面减值、声誉受损、客户流失等。

三分类新规实施后,操作风险成为信托公司开展新业务所面临的主要风险之一。从业务逻辑层面看,资产服务信托要求信托公司对委托人履行信义(诚实、信用、谨慎、有效管理)义务,在账户管理、信托利益分配、估值核算、信息披露、执行变更家族信托方案指令、终止清算等日常运营管理中,为受益人的最大利益处理信托事务。上述业务流程所涉及事务都是操作风险管理的核心范畴。而资产管理信托需要信托公司执行资管新规

---

① 《银行保险机构操作风险管理办法》。

的规定，履行“卖者尽责”的义务，加强对操作流程的监控。以证券服务信托为例，极易因为估值错误、资金清算错误、申购赎回确认错误、交易指令未能正确及时执行、产品设计缺陷未能识别、风险监控不到位、系统中断等风险给委托人或者信托公司造成损失。

因此，信托公司需要针对不同业务制定适配的内部业务流程和操作细则，实现重要岗位如投资与交易、交易与清算的分离。同时，制定应急预案以处理突发事件，确保全流程风险管理有序进行。

（二）信用风险

信用风险是指债务人或交易对手未能按照合同规定履行义务或履行的义务不符合约定，从而给债权人或金融产品持有人造成经济损失的风险。

按照性质的不同，信用风险可分为违约风险、信用评级降级风险和信用价差增大风险。其中，违约风险是指借款人或交易对手违约给金融机构带来的风险；信用评级降级风险是指由于借款人信用评级变动造成的债务市场价值变化的不确定性；信用价差增大风险是指由于资产收益率波动、市场利率等变化导致信用价差增大所带来的风险。

与境外信托投资主要面向资本市场不同，国内信托资金以往主要投向工商企业、房地产和基础产业等实体经济领域。近几年，随着国内产业结构改革的持续深入，房地产等传统行业在供需两端面临双重压力，信托公司投入上述领域的资产质量大幅下降，信用风险成为信托公司的主要风险之一。如果信托公司不能按照合同规定顺利退出信托项目，就会出现兑付困难和流动性风险，委托人、受托人和受益人都会遭受相应的财产和声誉损失。

此外，随着宏观经济步入缓慢增长阶段，企业活力指数下降，以及土地财政给地方收入带来严峻挑战，城投债和企业债等标品类资产管理业务也面临着违约和信用评级降级等风险。

（三）市场风险

市场风险是指市场价格（利率、汇率、股票价格和商品价格）的不利变动使银行表内和表外业务发生损失的风险。① 市场风险可以分为利率风险、汇率风险（包括黄金）、股票价格风险和商品价格风险，分别是指利率、汇率、股票价格和商品价格的不利变动所带来的风险。市场风险管理的目标是通过将市场风险控制在金融机构可以承受的合理范

① 《商业银行市场风险管理指引》。

围内,实现经风险调整的收益率最大化。

信托公司的市场风险是市场因素的变化导致信托业务或投资组合价值波动的风险,主要集中于固有投资业务及标品信托业务。随着监管措施推动信托业务向三分类项下的新业务转型,尤其是传统融资业务向资产管理信托转型,资产管理信托底层资产包含更加多元化和国际化的资产类别,如股票、债券等。这些资产的价值不仅受到市场供求关系的影响,还受到经济形势、政策调整、国际政治局势等多种复杂因素的影响。因此,信托公司需要密切关注市场动态,加强对市场风险的识别、评估和管理。

(四)流动性风险

流动性风险是指一些机构无法以合理成本及时获得充足资金,用于偿付到期债务、履行其他支付义务和满足正常业务开展的其他资金需求的风险①。

根据信托业协会对于流动性风险的基本定义,一般情况下金融机构面临的流动性风险包含两个层面:一是金融机构自身层面,指公司虽有清偿能力,但无法及时获得充足资金或无法以合理成本及时获得充足资金以应对业务增长或到期债务的风险;二是金融机构的项目层面,指具体项目不能按期变现兑付清算的风险,以及对期间开放的资产管理计划来说,存在赎回资金规模大于申购资金规模的可能性。

信托公司的流动性风险主要存在于在当前企业盈利困难、资金周转速度放缓的环境下,信托公司极易因项目集中到期而无法兑付,进而产生流动性风险。

(五)声誉风险

声誉风险是指银行保险机构行为、从业人员行为或外部事件等,导致利益相关方、社会公众、媒体等对银行保险机构形成负面评价,从而损害其品牌价值,不利于其正常经营,甚至影响到市场稳定和社会稳定的风险。②

信托公司的声誉风险主要体现在信托公司不像银行一样会对委托人提供显性担保,信托公司对于信托产品提供的是隐性担保,信托法规上明确了除非受托人有不尽职之表现,否则风险由委托人独自承担,因此信托公司承担的责任可以理解为有限责任。能否尽职尽责,能否成功兑付,取决于信托公司的资产管理水平和隐性担保能力,即声誉价值的高低。一旦信托投资失败,在法律上投资者将面临直接损失。

① 中国银保监会2018年发布的《商业银行流动性风险管理办法》。

② 中国银保监会2021年2月发布的《银行保险机构声誉风险管理办法(试行)》。

此外,根据《信托法》的规定,受托人不得将其固有财产与信托财产进行交易或者将不同委托人的信托财产进行相互交易。与银行资本金往往承担着风险控制的最后一道防线不同,信托公司资本金不是用来补偿信托财产投资失败的风险,除非信托公司没有尽到尽职尽责受托责任。

近年来,随着一些信托项目的爆雷,投资者在投资信托产品前,越来越关注信托公司的过往投资成果,更需要谨慎地选择声誉高、资产管理水平高的信托公司。因此,声誉风险的管理对信托公司越来越重要。

目前,信托公司除信用风险外的其他类型风险管控均存在一定程度的管理缺失情况,信用风险的管理模式也需要进行适时革新。

二、风险防范体系的构建与对策

三分类新规实施后,信托公司除重视信用风险外,还应加强其他风险管控能力建设,重新厘清风险管理方面的职责分工,明确公司内部全面风险管理及各类型风险管理的组织结构与职责分配情况,结合监管要求与自身实际业务发展情况重新搭建合规、有效、全面的风险治理架构,加强事前与事中的风险识别、监测、评估及预警,提升风险管理的前瞻性、主动性和有效性。

具体而言,信托公司可以借鉴其他金融机构风险管理系统的实践经验,结合信托业务转型需求和实际情况,梳理底层风险数据、构建系统监测指标,形成覆盖全公司、全业务、全风险、全链条、全数据,适应信托公司自身发展特点的风险管理系统。

(一)操作风险

例如,在财富管理服务信托中,受托人负责信托计划的投资管理运作。在实际投资过程中,信托公司应该设定好产品的风控条款,包括日间最大风险敞口、单个资产品种与行业的集中度和流动性要求、资产配置比例与限制以及预警止损机制。在估值、信息披露、信托利益分配等日常运营管理中,一方面应该完善信托业务流程和操作细则,优化并推动各业务职能部门改进业务流程环节;另一方面要明确各类岗位职责,实行投资与交易、交易与清算等重要岗位的分离,制定应急预案以应对突发事件,让全流程的风险管理有章可循。在投资管理授权决策中,应该制定授权管理体系,从投资金额、投资行业、投资区域等方面对业务执行部门进行业务授权。

(二)信用风险

信用风险主要存在于资产管理信托中。信托公司应建立内部信用评级制度,对底层资产的主体和债项进行必要的尽调与严格的准入管理,同时通过分散化投资方式防范信用风险。在项目投资前端,重点关注发行主体的信用情况,科学评估其经营情况、负债情况、履约能力与意愿。在项目运行过程中,应深入研究影响主体履约能力的各种风险因素,持续加大舆情监测、风险排查、风险预警、风险提示和督导落实的力度。

(三)市场风险

为了降低市场风险的影响,信托公司需要通过搭建专业化的投研体系,密切关注宏观经济与行业运行状况,分析资产价格波动因素,做出科学的投资决策。同时,采用 VAR 评估时点风险,采用最大回撤评估历史最大风险,根据利率变化情况对公司或信托计划持有资产可能产生的损失进行估算。

(四)流动性风险

首先,建立有效的流动性风险管理治理结构,明确董事会及其专门委员会、监事会(监事)、高级管理层以及相关部门在流动性风险管理中的职责和报告路线,建立适当的考核和问责机制。其次,建立流动性风险管理策略、政策和程序。根据经营战略、业务特点、财务实力、融资能力、总体风险偏好及市场影响力等因素确定流动性风险偏好。最后,建立流动性风险识别、计量、监测和控制体系。根据业务规模、性质、复杂程度及风险状况,运用适当方法和模型,对在正常和压力情景下未来不同时间段的资产负债期限错配、融资来源多元化和稳定程度、优质流动资产、重要币种流动性风险及市场流动性等进行分析和监测,有效计量、监测和控制正常和压力情景下未来不同时间段的现金流缺口。

(五)声誉风险

第一,构建组织健全、职责清晰的声誉风险治理架构和相互衔接、有效联动的运行机制。第二,建立声誉风险事前评估机制,在进行重大战略调整、参与重大项目、实施重大金融创新及展业、重大营销活动及媒体推广、披露重要信息、涉及重大法律诉讼或行政处罚、面临群体性事件、遇到行业规则或外部环境发生重大变化等容易产生声誉风险的情形时,应进行声誉风险评估,根据评估结果制定应对预案。第三,定期开展声誉风险隐患排查,覆盖内部管理、产品设计、业务流程、外部关系等方面,从源头减少声誉风险触发因素,持续完善声誉风险应对预案和相关内部制度。第四,将声誉风险管理纳入法人监管体系，加强声誉风险监管。

在风险文化建设方面，要强化风险意识，通过各种形式的培训和宣传，提高员工遵守公司风险管理政策和制度的意识，使其更好地理解并落地执行风险管理要求，加强与外部机构的沟通与合作，参与行业风险管理研究，借鉴同业，在制度、流程、人员、宣传等方面多管齐下，不断完善和提高公司的风险管理能力和文化建设水平。

第八章 人力资源分析

第一节　人力资源基本情况

从2023年披露情况来看，信托业人员略有减少，从业人员总数为16735人，较2022年减少8.84%。在披露的56家公司中，有26家公司出现了人员扩张的情况。2023年信托行业人员的变异系数为0.45，各公司间人员差距仍然存在，但呈逐步缩小趋势（见表8-1）。近年来，信托行业快速发展带来的良好发展平台和较高的薪酬水平，吸引了大量高学历人才（包括博士、硕士两个层次）的加入。有5家公司高学历人员占比70%以上，有22家公司高学历人员占比50%以上，有16家公司高学历人员规模超过200人。

表8-1　2019—2023年信托公司从业人员规模统计分析

项目	2019年	2020年	2021年	2022年	2023年
总数（人）	21408	20110	19806	18358	16735
平均值（人）	324	324	324	306	310
平均值增长幅度（人）	26	0	0	-18	4
平均值增长率（%）	8.72	0	0	-5.56	1.30
公司数目（家）	68	57	61	60	56
从业人员增加的公司数（家）	51	34	27	30	26
最大值（人）	945	948	889	779	725
最小值（人）	88	81	72	57	47
标准差（人）	191.36	186.58	180.22	151.65	141.11
变异系数	0.59	0.58	0.55	0.50	0.45

2023年，各信托公司中，从业人员规模以1000人以下的中小型信托公司为主，从业人员规模前3位分别为中信信托、光大兴陇和五矿信托（见表8-2）。2023年从业人员增幅前3名分别为陕国投、国元信托和西部信托（见表8-3），高质量人员的流入也为信托公司的业绩增长提供了一定支撑。

表8-2 2019—2023年从业人员规模排名前3的信托公司

排名	2023年从业人员规模	2022年从业人员规模	2021年从业人员规模	2020年从业人员规模	2019年从业人员规模
第1名	中信信托（725）	光大兴陇（779）	光大兴陇（889）	长安国信（948）	光大兴陇（945）
第2名	光大兴陇（705）	中信信托（704）	平安信托（872）	光大兴陇（868）	长安国信（872）
第3名	五矿信托（669）	五矿信托（666）	长安国信（746）	中信信托（752）	四川信托（792）

注：括号中数值为从业人员规模，单位为人。

表8-3 2019—2023年从业人员规模增幅排名前3的信托公司

排名	2023年增幅	2022年增幅	2021年增幅	2020年增幅	2019年增幅
第1名	陕国投（46）	国元信托（166）	平安信托（190）	平安信托（219）	光大兴陇（454）
第2名	国元信托（34）	渤海信托（119）	山东国信（115）	五矿信托（88）	长安国信（153）
第3名	西部信托（23）	金谷信托（78）	天津信托（92）	长安国信（76）	东莞信托（142）

注：括号中数值为从业人员规模增幅，单位为人。

从披露的信托公司从业人员年龄来看，2023年已披露的10家公司中，平均年龄为37.20岁，与2022年相比有所下降。从业人员平均年龄最大为41.00岁，平均年龄最小为33.00岁，行业内分布几乎不存在差异化（见表8-4）。

表8-4 2017—2023年信托公司从业人员年龄统计分析

项目	2017年	2018年	2019年	2020年	2021年	2022年	2023年
平均值（岁）	35.54	35.67	35.79	36.00	37.13	37.78	37.20
平均值增长幅度（岁）	0.18	0.13	0.12	0.21	1.13	0.65	-0.58
平均值增长率（%）	0.51	0.36	0.34	0.59	3.13	1.75	-1.53
公司数目（家）	12	11	13	11	10	8	10
最大值（岁）	41.97	42.73	41.86	40.83	41.16	42.10	41.00
最小值（岁）	33.00	33.40	33.20	34.20	35.00	35.60	33.00
标准差（岁）	2.07	2.63	2.10	1.65	1.35	2.22	2.00
变异系数	0.08	0.07	0.06	0.05	0.04	0.06	0.05

2023年披露从业人员信息的公司中，从业人员平均年龄最小的是百瑞信托，平均年龄为33.00岁，各年度从业人员平均年龄变化不大（见表8-5）。

表 8－5　2019—2023 年从业人员平均年龄最小的前 3 名信托公司

排名	2023 年	2022 年	2021 年	2020 年	2019 年
第 1 名	百瑞信托（33.00）	上海信托（35.60）	上海信托（34.90）	上海信托（34.20）	大业信托（33.20）
第 2 名	上海信托（36.00）	百瑞信托、江苏国信（36.00）	百瑞信托（35.00）	百瑞信托、北京国信、江苏国信（35.00）	上海信托（33.94）
第 3 名	兴业信托、陆家嘴信托、中铁信托、浙金信托、江苏国信、（37.00）	浙金信托（36.50）	浙金信托、北京国信、江苏国信（36.00）	兴业信托、浙金信托、财信信托、苏州信托（36.00）	浙金信托（35.00）

注：括号中数值为从业人员年龄，单位为人。

第二节　人力资源岗位分布

一、人力资源岗位总体分布

从 2023 年披露情况来看，在信托公司人员岗位分布中，高管人员平均人数为 7 人，占比 1.77%；自营人员平均为 8 人，占比 2.01%；信托业务人员平均为 157 人，占比 47.88%，其余为其他人员。其中，信托业务人员与自营业务人员的变异系数较大，公司间差异较大。高管人数最多的是天津信托（12 人），高管人数最少的为中原信托和中泰信托（各 3 人）；自营人员人数最多的为光大兴陇（21 人），中粮信托、华宸信托和中泰信托自营人员人数最少（各 2 人）；中信信托的信托业务人员达到 604 人，居行业首位（见表 8－6）。回归信托本源，顺应监管要求，需要信托公司从人员队伍建设上首先满足信托主业的需求，其次才是服务自营业务创新，取得平衡发展。

表 8－6　2023 年信托公司从业人员岗位分布统计分析

项目	高管	自营	信托业务
平均值（人）	7	8	157
占比（%）	1.77	2.01	47.88
公司数目（家）	44	43	38
最大值（人）	12	21	604
最小值（人）	3	2	22

续表

项目	高管	自营	信托业务
标准差(人)	2.14	4.64	114.13
变异系数	0.31	0.58	0.73

二、信托业务人员分布

信托业务人员是信托公司的主力。2023年信托业务人员的平均人数为157人，较上年有所下降，占全部从业人员的比重下降了2.93个百分点。信托人员的行业内分布不均，但占比仍然较高，公司间差异较大（见表8-7）。

表8-7　2019—2023年信托公司信托业务人员统计分析

项目	2019年	2020年	2021年	2022年	2023年
平均值(人)	180	171	173	163	157
占比(%)	55.58	52.92	52.01	50.81	47.88
占比增幅(个百分点)	-3.07	-2.66	-0.91	-1.21	-2.93
最大值(人)	722	643	657	582	604
最小值(人)	24	27	26	23	22
标准差(人)	146.85	121.82	126.06	109.56	114.13
变异系数	0.81	0.71	0.73	0.67	0.73

三、高学历信托业务人员分布

2019—2023年高学历人员（包括硕士和博士两个层次）数量总体呈上升趋势，其中大多数企业2023年高学历人员占比超过了50%。同时，标准差与变异系数均变化不大，说明2023年各公司间高学历人员分布与2022年相比无太大变化。详见表8-8。

表8-8　2019—2023年信托公司高学历从业人员统计分析

项目		2019年	2020年	2021年	2022年	2023年
披露公司数目(家)		66	62	58	57	54
高学历人员	平均值(人)	178	185	173	185	182
	占比(%)	55.13	56.82	52.01	58.54	59.27
	占比增长幅度(个百分点)	4.33	1.69	-4.81	6.53	0.73
	最大值(人)	585	548	657	521	548
	最小值(人)	36	36	26	35	27
	标准差(人)	113.98	115.93	126.06	110.95	108.95

续表

项目		2019 年	2020 年	2021 年	2022 年	2023 年
高学历人员	变异系数	0.64	0.62	0.72	0.60	0.60

综合博士和硕士两个层次高学历从业人员，2023 年中信信托居高学历从业人员规模第 1 名，而英大信托居高学历从业人员占比第 1 名。

表 8-9　2022—2023 年高学历人员分布排名前 3 的信托公司

排名	2022 年		2023 年	
	高学历人员规模（人）	高学历人员占比（%）	高学历人员规模（人）	高学历人员占比（%）
第 1 名	中信信托（521）	百瑞信托（87.00）	中信信托（548）	英大信托（80.89）
第 2 名	光大兴陇（496）	英大国信（78.68）	光大兴陇（442）	中原信托（78.97）
第 3 名	五矿信托（448）	中原信托（77.60）	陕国投（394）	上海信托（77.48）

中信信托研究生学历人数超过 500 人，持续优化形成高学历人才结构。行业头部公司打造长期人才战略，人才培训力度不断加大；持续推动创新业务发展，员工激励机制逐步完善，人力资源管理数字化进程加快。

可以看出，随着信托行业转型迈入深水区，无论是标品、股权还是财富方面，信托公司都离不开对人才结构的持续优化，高学历人才队伍将扮演至关重要的角色。尤其在资管新规落实后，信托公司纷纷开启净值化转型和非标转标的进程，搭建涵盖固收、权益、另类等大类资产以及跨越国内外多市场的全方位产品体系，人才队伍建设是重中之重。

第三节　三分类新规实施后信托公司人力资源战略方向

一、信托公司人才结构困境

相较于传统信托业务，三分类新规实施后，信托业务对从业人员在细分领域的专业化能力和综合服务能力等提出了更高要求。但目前信托公司的人才队伍和结构仍以传统业务为主，与新业务模式存在错配，这可能对业务转型形成较大障碍。主要体现在以下几方面。

(一)行业共性问题

1. 新业务的人才缺口较大

开展三分类下的新业务需要拥有全局性、战略性思维,开拓创新精神以及综合管理能力的领军型人才,以及具备标品投资、股权投资、财富管理、风险处置、合规风控、金融科技等知识的专业人才队伍。

在资产服务信托中,财富管理服务信托要求从业人员具备跨领域的法律、财务、税务、资产配置、身份规划、风控合规等综合能力,以及持续的风险管理和运营能力。行政管理服务信托要求信托公司具备高效的销售、风控、运营等管理体系,业务人员对各类行业、场景和商业模式有基本的了解,并能提供其他个性化增值服务。全链条资产证券化服务信托需要信托公司在创设资产、承揽、承做、发行等不同环节加强专业能力建设。风险处置服务信托要求信托公司具备高标准的资产管理、项目运营、风险控制及资源整合能力,从业人员需要具备客户拓展、需求挖掘和资源协调等方面的能力。

在资产管理信托业务中,证券投资类对产品、投资、交易、研究、风控、营销、投顾、运营、科技等相关环节业务能力的建设提出了更高目标和需求。股权投资类强调业务周期长、专业要求高、投后管理严格,要求从业人员具备"募投管退"全方位专业能力,对从业人员的产业经验、财务背景、法律知识、管理经验等都有一定的要求。

但是,无论是资产服务信托还是资产管理信托,信托行业从业人员上述关键能力普遍较为欠缺,尤其是在证券自主管理上还相对落后。

在运营管理中,信托公司多实行传统的贷后管理,而新三分类的投资类和服务类业务更多聚焦投后管理,管理内容、管理手段、管理要求和管理能力都与传统运营管理形成差异,但是信托公司缺乏具有宏观经济分析能力及风险预判能力的高层次风险管理人才。

在行业转型发展的关键时期,业务创新、运营管理、风险防控、研究分析、经营升级尤其需要金融科技的赋能支持,但是既了解信托行业实务,还拥有数字化专业技术,同时具备高效协同和创新能力的复合型人才严重缺乏。

2. 外部人才引进比较困难

与银行、证券、保险、基金等其他金融行业相比,信托行业处于转型调整期,转型业务优势尚不明朗,不仅无法吸引行业高端人才,原有的优秀人才也存在流失现象。从公司竞争的角度来看,在人才比较缺乏的背景下,高质量人才更愿意向业绩较好的公司流动。

3. 囿于传统思维和经验法则，现有人才升级面临挑战

随着行业转型深入，各信托公司尝试通过内部员工的转换和升级来满足自身发展需求。比如，对传统业务人员进行培训，提升专业技能，但新业务与旧业务是完全不同的两套业务逻辑，需要从展业思路、项目筛选、商务谈判、尽职调查、法律要点、实务操作、风控合规等全方面去学习更新，这成为人才升级转换过程中的重大挑战。信托新时代，从业人员需要转变思维，不断强化专业水平、综合能力、风险思维、研判能力、团队意识和管理能力等，加快能力体系的重构。

（二）公司层面尚处于探索阶段

信托公司盈利模式尚处于探索期，部分信托公司缺乏清晰明确的转型方向。因此，公司对于到底需要哪类人才尚缺乏清晰的认识，人才规划和人才管理手段也比较落后，缺乏与行业发展、市场需求相匹配的人才培养和引进机制，主要体现在以下两方面。

一是人才招聘手段相对单一。目前，信托公司招聘仍主要依赖于在线招聘平台和内部推荐等传统渠道。此外，在短期主义和逐利的大环境下，部分信托公司在人才队伍建设上仍坚守“重引进轻培养”“重资源轻能力”等传统理念，更倾向于直接引进有经验和有资源的成熟人才，而忽视了校园招聘和内部人才培养，导致公司内部的人才梯队建设不完善，难以形成有信托底蕴和特色的人才发展与培育体系。

二是人才建设的配套机制体制不够健全。例如，传统以非标业务为主的考核经验已无法满足标品类业务和服务信托类业务的考核需求，在财富管理、家族信托、风险处置等板块的考核激励经验尚显不足。人才测评标准与工具较为单一，人才特质和能力往往与特定岗位胜任力要求存在偏差。

二、信托公司人才需求及调整成效

随着业务转型路径的确定，大量信托公司正在积极招兵买马。从转型进程来看，各信托公司对开展标品信托业务比较明确，对投研、交易、营销、风控等相关人员的需求较大。而除财富管理服务信托外，其他资产服务信托仍处于探索过程中，招聘需求主要是财税、法律等专业人员。此外，信托行业也在加速数字化转型，在招聘基层人员时会更加注重其对技术和数字化工具的使用熟练程度，如数据分析、人工智能应用等。

（一）资产管理信托

在人才需求方面，大部分信托公司成立了证券投资部门，通过社会招聘方式补齐证

券投资层面的高端人才。除部门负责人、传统投研人员以外，产品研发、估值核算、合规风控、信用评级、投资、营销等领域的人才也成为热门人选。招聘的专业人才主要帮助公司在权益投资、债券交易、量化投资业务等方面取得创新及突破，加快布局标品资产管理业务。

在候选人来源方面，信托公司普遍采用市场化策略，积极吸纳具有丰富投资经验的资深经理，并同步挖掘和培养有潜力的新人，从而构建一个既稳健又充满活力的人才梯队。尽管多数信托公司仍然偏好来自银行、券商、基金或信托行业等具有相关从业经验的人员，但一些岗位也向应届毕业生伸出了橄榄枝，并表现出了对高学历人才的青睐，特别是在硕士及以上学历的候选人上给予优先考虑。

在股权投资领域，为了推动重点战略业务的布局，部分信托公司成立了专门的股权投资业务部门。这些部门在人才引进上更加注重产业方向，特别是那些与高端装备、电子信息等战略性新兴产业，以及绿色、“双碳”、新能源等国家及区域重点产业相关的人才。实体产业内的顶尖研发与管理人才也成为它们重要的引进目标。

从业务聚焦点来看，多数信托公司采取集中资源、重点突破的策略，特别是在债券、FOF、资产配置以及指数增强等领域，聚集了一批优秀的投研人才，以期通过局部的深度研究带动公司自主投资能力的提升。

（二）财富管理服务信托

随着财富管理需求的综合化、个性化、定制化，以及监管层对三方公司代销信托产品的限制，财富人员招聘方向更加细化，家办负责人、财富管理中心负责人、财富顾问、法税人员、资产配置专家成为相当一部分信托公司的招聘重点，部分开放外部产品代销的信托公司也更关注产品遴选和评价人才。

不过，受到长期以来形成的短期思维的影响，信托公司普遍急于在短时间内做大财富管理规模。在候选人来源方面，信托公司对资源型人才高度倾斜，主要依赖挖掘银行私行、银行理财、头部信托等其他金融机构或信托同业人才来推动业务发展，而对于专业型人才、复合型人才及其他中高端财富人才的招聘缺少科学合理的人才引进规划，缺乏指导性原则。

值得注意的是，信托公司人才引进流程逐渐规范化，从背景考察、笔试、多轮面试、试用等环节不断完善和优化。人才引进手段和工具也更加专业化，如部分信托公司在校招层面应用人工智能技术提高简历筛选效率，再如部分信托公司将专业的事交给专业的机构——与猎头公司合作提高招聘效率。目前,信托公司财富人才的引进主要通过两个渠道:一是从人才市场和其他同业机构引进,二是公司内部其他岗位人才转岗(以中后台运营、风控、资产端业务部门人才为主)。

三、信托公司人力资源战略方向

(一)明晰新时代人才发展规划

信托公司要始终坚持党对人才工作的全面领导,充分认识理解新时代人才强国战略的重要性,树立以人为本、人才优先的发展观,形成各具特色的人才理念。应着眼于公司中长期业务发展战略需要,加强人才战略顶层设计,科学谋划人才布局。坚持以德为先、事业为上、人事相宜、人岗相适,根据转型发展新时期不同岗位要求,选好人才、用好人才,营造公平、公正、公开的人才发展环境。

(二)做好人才战略的检视与评价

信托公司首先要加强对人才战略的理解,提升人才引进计划的科学性、标准性,及时跟进各类人才市场发展趋势研究,做好人才缺口需求分析。其次要完善人才引进流程,包括简历筛选、背景考察、性格测试、专业面试、实习考察、综合评定等,提高人才引进工作效率。再次要明确人才标准,根据转型业务发展的不同要求明确不同岗位、职级人才标准,制定差异化的胜任力模型,并根据业务发展、市场变化进行动态调整更新,将人才薪酬适配、企业文化适配及未来发展潜力等纳入人才引进考量。最后要做好人才梯次衔接,健全人员调整退出机制。针对转型关键人才、中高级管理人才等开展继任管理,提前按照一定比例确定岗位培养人选,有计划地进行岗位培养锻炼,并结合各公司发展背景和业务特点,健全人员调整退出机制。

(三)完善人才引进机制

在人才引进方面应逐步形成成熟的机制保障措施。一是升级调整传统人才引进渠道。通过强化与高校的人才对接与储备培养,采取专家挂职兼职、校企联合、项目共建、第三方智库合作等方式,实现“筑巢引凤”,柔性引才。二是主动构建多渠道、多专业的外部人才储备库,定期开展外部人才库的盘点和激活,运用大数据技术对潜在人才信息进行整合分析,为人才聘任提供参考依据。完善人才引进效果评估,提升人才引进效果。三是加强对人才引进过程的相关程序要素回顾分析,除关注应聘比、录用成功比外,应重视聘用合格比、招聘成本、用人部门满意度、新入职人才流失率等,持续提升人才引进工作实效。

(四)加强内部人才培养

人才成功引进后,要注重人才培养。

第一,依据战略发展方向和自身资源禀赋,构建符合自身发展要求的特色人才培养体系。如转型发展压力大,可以采取"先核心岗位,后全线涉及"思路,优先对最核心、最紧迫的胜任力需求岗位开展培训,采用专业深造、订单式培训、导师带徒等形式,促进其尽快成才,强化转型业务支持。

第二,进一步完善部门和岗位交流机制建设。通过领导力训练项目、团队建设活动和跨部门协作等方式,提升高潜力员工及现有管理者的领导能力和团队合作能力。依托内部研讨会、工作坊等载体促进组织知识的传递、学习和沉淀。建立知识共享平台,鼓励员工交流和分享经验。加强业务部门、中后台部门间多岗位锻炼,为公司培养储备复合型人才。

此外,可以通过科学合理的方式进行评测,对培养结果进行评估,基于评测结果、业务发展需要和监管要求等对培养体系及时完善更新。针对财富管理等业务,可打造内部人才认证体系,更好地满足各公司业务发展个性化需求,构建差异化竞争优势和品牌标识。

(五)改进绩效管理考核体系和考核方式

在绩效考核方面,要建立公司纲领性考核制度,完善市场化绩效牵引机制,激励资源优先向核心人才倾斜,包括加强对风险管理的考核,完善风险与薪酬递延、履职过失问责与违规失责的考核问责制度。

在薪酬方面,持续优化薪酬结构,确保纵向区别、胜任能力差距的公平、公正体现。物质激励与精神激励相结合,完善公司业绩、部门业绩和个人贡献层层挂钩的薪酬分类体系。比如,可以根据转型业务发展阶段、市场拓展潜力、客户培育程度等,完善多维度绩效考核指标与考核系数,引入战略支持度、客户资产管理规模(AUM)、创新推动、客户满意度等指标,建立中长期激励机制,避免完全以"短期业绩论英雄"。